伝え方の日本語

# その感情、言葉にできますか？

豊かな日本語生活推進委員会［編］



青春新書 PLAYBOOKS

# はじめに

いま、あなたはどんな気持ちでしょう？

「仕事の成果が認められて、とにかくうれしい」

「愚痴メールが来て、嫌な気分」

「体調がいまひとつで心もさえない」

など、喜んでいる人、鬱憤がたまっている人、うつ気分の人、それはもう百人百様でしょう。

その感情も一定ではなく、瞬間、瞬間、少しずつ変わっています。絶え間なく揺れ動くからこそ、人の感情は奥が深く、その表現法も多彩なのです。

「喜怒哀楽《きどあいらく》」と言うように、「喜び、怒り、哀しみ、楽しみ」は人の代表的な感情ですが、同じ「喜ぶ」でも、小さな喜びから跳び上がるほどの大喜びまであるし、「怒り」も、少しイラつく程度から、髪が逆立つほどの激怒まで何段階もあります。しかも、そこに別の感情がからんでくることも珍しくありません。

「悔しさ」と「怒り」が交じり合って、ついには「泣ける」

「うれしい」けど「切ない」

「楽しい」けど「不安」

「怖い」けど、怖すぎて「笑ってしまう」

など、感情はまるで化学反応のようにいろいろな色に変わります。そこで、いざその気持ちを表現しようとすると、「ズバリうまく言えない」「とっさにピッタリの言葉が見つからない」ということが起こってきます。

・

◆多彩な気持ちが表現できる日本語

たとえば、「ヘコむ」という言葉。この気持ちを表す他の言葉を辞典で調べてみると?

「落ち込む、沈む、萎える、気が滅入る、弱気になる、気落ちする、意気消沈する、やるせない、心が塞ぐ、肩を落とす、しゅんとする、しょんぼりする、しょげる、テンションが下がる、元気がなくなる、青菜に塩…」

など、実にたくさんの同義語や類似語があります。日本語は驚くほど多彩なのです。

では、ポジティブな感情、「喜び」、「楽しさ」の表現法はどうでしょう？

心が躍る感じは、「うきうき（浮き浮き）」「わくわく」などの擬声語・擬態語（オノマトペ）でよく表しますが、詳細に挙げていけば、その表現法は数百はくだらないでしょう。

そもそも「喜び」と「楽しさ」の感情は似ていますが微妙に違い、「うれしいけど楽しくはない」、逆に「うれしくはないけど、ただ愉快で楽しい」ということもあります。

試しに、うれしい気持ちを表す「喜」の字のつく二字熟語を挙げてみると、歓喜、喜悦、嬉々、驚喜、狂喜、欣喜、随喜……などがあります。

一方、「楽」という字を使った楽しい気持ちの表現には、快楽、歓楽、享楽などがあり、少しずつ意味が異なります。

これらの用語を駆使すれば、話し言葉、書き言葉、両方の表現力が磨かれるでしょう。

そして気持ちをうまく人に伝えられれば、共感して喜びあったり、会話をはずませるきっかけにもなるでしょう。

◆話して、書いて伝わり場が和む

言葉には、気分を一転させるほどの力があります。

たとえば、私たちは、人間関係の中で不快な感情を抱くことがよくあります。個人差はありますが、社会生活の中ではネガティブな感情を持つことが断然多いかもしれません。ですが、その気持ちも言葉の使い方次第でリセットしたり、爽快な気分に変えることさえできます。

「○○部の××さん、悪い人じゃないんだけど……」

「わかるわかる……」

のように、女子会などで共通の誰かさんの噂話が始まったとします。

「悪い人じゃない」と言う心の裏では、何かしらの苦手意識が働いているのでしょう。でも、ずばり「嫌い」と言えば自分が割を食うことにもなりかねません。こんなときこそ、すごい日本語の出番です。

本文中の「嫌い」「図々しい」「不愉快」などのネガティブな感情表現では、悪口や不快感がからっと晴れるような言い換えもご紹介しています。

ピタリとくる言葉でうまく伝えられれば、皆の顔がほころび、

「よく言ってくれた！」

「あ〜、胸がすーっとした」

と、その痛快さに拍手が起こるかもしれません。

心が奮えるような「感動」も、適切な言葉で伝えられれば相手の心にもズンと響き、温度差なしに届けられるでしょう。

本書は「喜び、怒り、哀しみ、楽しみ、愛《いと》しさ、憎しみ」といったメジャーな感情、そこから派生するこまやかな感情までをグループにし、くだけたやわらかい言い回しから、日本語の奥深さが分かる二字熟語や四字熟語、先人の知恵が生んだ故事・ことわざまで、さまざまな角度から、使える言葉をピックアップしました。

たくさんの感情表現の中から、今の自分の気持ちに合った言葉を探し当てるだけでも楽しいし、人に言う、メールの文面などに書くなど、実践にいかせばさらに楽しめます。

うまく言えた、伝えられた、すごくいい気分！

日常生活の中でこの爽快感を何度も味わえるよう、ぜひいつも手元に置いて、ご活用ください。

伝え方の日本語

# その感情、言葉にできますか？

もくじ

はじめに 3
◆多彩な気持ちが表現できる日本語
◆話して、書いて伝わり場が和む

1章 喜ぶ、怒る、楽しい、ひどい etc.

喜ぶ 14
感動する 19
楽しい 20
興奮する 23
爽やか 25
小気味いい 28
おかしい 32
おかしい（面白い） 34
怒る 36
悔しい・後悔する 47
恥じる 52
負けた！ 54
惜しい！ 56
反省する・顧みる 59
弱気・劣等感 60
ひどい・むごい 63
肯定できる・気持ちは前向き 65

2章 好き、嫌い、かわいい、嫉妬 etc.

好き・愛する・慕う 68
憧れる・尊敬する 72
かわいい・愛《いと》おしい 73
キレイ 75
憎む 77
うらむ 79
妬む・嫉む・嫉妬する 83

嫌い……87
気まずい……94
後ろめたい……96
不愉快だ……98
図々しい……100
生意気だ……105
ちゃっかり……107
迷惑だ……109
危なっかしい・軽々しい……111
あり得ない！……112
共感できない……113
許せない！……115

## 3章 幸せ、不幸せ、感謝、不安 etc.

幸せ・満足……118
感謝する……120
親切心・優しさ……121
恥ずかしい……123
驚き……126
呆《あき》れる……129
裏切られた・理不尽だ……130
落ち込む・ヘコむ……131
絶望……133
ゆううつ……135
不幸せ……137
哀れ・憐れむ……139
苦しい……142
悩む……144
悲しい……146
さびしい・わびしい……152
むなしい・はかない……155
切ない……157
怖《こわ》い・恐《おそ》ろしい……159

不安・心配 166
安心 170
懐かしい 173


## 4章 困る、疑う、許す、祝う etc.

困った 176
頼る 179
うぬぼれる 181
迷う 183
あせる 184
もどかしい 187
勇気・奮起 188
緊張する 191
疲れた 193
あきらめる 194
飽きた・冷めた 197
我慢する 198
あやしむ・疑う 200
警戒する 203
信頼する 206
許す 207
申し訳ない・つぐなう 208
恐縮する 210
希望する・願う 212
祝う 216
賞賛する・称える 218
おわりに 221
参考文献 222

# 1章

# 喜ぶ、怒る、楽しい、ひどい

etc.

「空喜び」と「ぬか喜び」の違いとは？

「片腹痛い」はどんな時に使える？

「嫌いじゃない」「悪い気はしない」の共通点

相手を見返す覚悟の言葉

「うれしい」と「楽しい」の境界線は？

溜飲は下がる？下りる？

「爽快」と「壮快」の使い分け

波風立てずにチクリと刺せる一言

「ビビる」は平安末期から使われていた！

## 喜ぶ

「喜び」とは、悲しみの反対にあるポジティブな気持ち。よいことがあったり努力が報われるなど、非常にうれしいときに生まれます。

◆二つの言葉をかけあわせて「うれしさ二倍」の気持ちを伝える

**「盆（クリスマス）と正月が一緒に来たような」**

うれしい出来事が重なったり非常に忙しいことのたとえ。盆と正月といえば日本人にとって昔から楽しくもあり忙しくもある特別な時期。今風に**「クリスマスと正月」「誕生日と正月」**、または家族の記念日などに置き換えて表現するのもいいでしょう。

㊎ 長女の結婚と長男の大学合格で、盆と正月が一緒に来たような気分です。

◆このうれしさは、**「喜び」「慶び」「歓び」「悦び」**のうち、どれ？

「よろこび」の綴りは「喜、慶、歓、悦」などいくつもあります。書面なら適した漢字を使うことで、気持ちを伝えやすくなります。微妙な違いをチェックしておきましょう。

**「喜び」** 一般的な表現。
**「慶び」** 祝い事、慶事で使います。
**「歓び」** 歓声を上げてよろこび合うシーンにぴったり。
**「悦び」** 「悦に入る」というように、満足して一人ニンマリ喜ぶときに。

**◆はしゃぐほどの大喜びの気持ちを二文字で言うと?**
大きな喜びはストレートに **「大慶《たいけい》」**
心からの大喜びは **「喜悦《きえつ》」**
とても愉快なら **「痛快《つうかい》」**
心の底から喜びが溢れ出したら **「歓喜《かんき》」**
うれしくて心がはずむのは **「嬉々《きき》」** ㊞ 嬉々としておもてなしをした。

**◆はしゃぐだけではない、喜びを深く味わう感情表現**
満足して喜ぶのは **「満悦《まんえつ》」**
つつしんで喜ぶのは **「恐悦《きょうえつ》」**

心から喜び、ありがたく思う気持ちは**「随喜《ずいき》」**

うっとりするような深い悦びは**「法悦《ほうえつ》」**㊖ひとり法悦の笑みを浮かべる。

これらの言葉は、落ち着いてゆっくり喜びをかみしめるときに適しています。

**◆書き文字なら、二通りの「きょうき」を使い分ける**

同じ「きょうき」でも一字違いで意味が変わります。

**「狂喜」**　文字通り、常軌を逸するほどの激しい喜び。

**「驚喜」**　予想外のうれしい出来事に驚いて喜ぶ。

**◆極上の喜びを四文字でズバリ伝える**

**「夢見心地《ゆめみごこち》」**　まるで夢を見ているようなうっとりした気持ち。

**「喜色満面《きしょくまんめん》」**　うれしくてたまらず、顔じゅうに喜びがいっぱい。

**「欣喜雀躍《きんきじゃくやく》」**　スズメがぴょんぴょん飛び跳ねるように、小躍りして非常に喜ぶ。

㊖合格の知らせに欣喜雀躍して叫んだ。

**「歓天喜地《かんてんきち》」**　天と地に向かってはしゃぐほどの大喜び。

**「恐悦《きょうえつ》至極《しごく》」** 他人の厚意などへの感謝とこのうえない喜びを伝えます。時代劇にも出てくる古風でかしこまった表現で、「至極」は「ものすごく」の意味。

例 お褒めの言葉をいただき、恐悦至極に存じます（ございます）。

**「狂《きょう》喜《き》乱《らん》舞《ぶ》」** 思わず踊り狂うほどの大喜び。**「狂《きょう》歌《か》乱《らん》舞《ぶ》」**は、興奮した声で歌い、羽目を外して舞うこと。

◆「空喜び」と「ぬか喜び」の違い、知ってますか？

**「空喜《そらよろこ》び」** なんとなくうれしく思うこと。

**「ぬか喜び」** 一瞬のはかない喜び。「わーい」とはしゃいだのも束《つか》の間、勘違いや当てがはずれてがっかり、という場面にぴったり。「ぬか」はぬか漬けに使われる「糠」。穀類を精白するとき取り除かれる外皮などで、非常に細かく、はかないという意味で使われます。

例 宝くじの当せんは、番号違いでぬか喜びに終わった。

◆目、頬、胸……体のパーツで喜びを表す言い方

**「目が輝く」「目を細くする」「目じりが下がる」**

**「頬がゆるむ」「口元がゆるむ」**

**「胸を躍らせる」「胸がときめく」「胸をはずませる」**

◆その「一言」でうれしさがぐっと際立つ
**「○○の喜びです」** の○○に「望外」「無上」「至極」などの言葉を入れ、

**「望外の喜びです」「無上の喜びです」「至福の喜びです」**

のようにすると、これ以上ないというほどの大喜びを伝えることができます。

◆「望外」の一歩手前くらいの喜びにピッタリなのは
**「諸手《もろて》を挙げて喜ぶ」** 諸手を挙げる＝積極的に歓迎するという意味。

**「手を打って喜ぶ」**

**「笑壺《えつぼ》に入《い》る」** 望み通りの結果に大いに喜び、笑い転げる。「笑壺」は満足して笑うこと。

# 感動する

美しいもの、素晴らしいものに触れて、心が揺さぶられる感じ。

◆「感極まる」ほどの思いを二文字で伝える

**「詠嘆《えいたん》」** 非常に感動すること。また、深い感動を声や言葉にして表すこと。

㊀ 金メダルの名演技に詠嘆の声を上げる。

**「感泣《かんきゅう》」** 感激のあまりに泣く。多くの感情は極限に達すると「泣く」につながります。

◆「胸」の高鳴りを文字にして感動を表す

**「胸がじ〜んと熱くなる」**

**「胸にぐっと迫る」**

のように、一言加えるだけで、感動の深さを強調できます。他に、**「じんわり」「ひしひし」「しみじみ」**などのオノマトペ（擬声語・擬態語）も効果的です。

# 楽しい

自分が何かしているときにやってくる、明るくてウキウキするような気分。

◆「楽」の文字を使ってピークの楽しさを伝える

**「快楽《かいらく》」** 気持ちよくて、とても楽しい。特に、欲望が満たされた快さを表します。

**「歓楽《かんらく》」** 喜んで楽しむこと。喜と楽の両方を含むごきげんな気分。

**「享楽《きょうらく》」** 思いのままに快楽を味わい楽しむ。

㊞ 享楽にふける。

この「ふける」は、一つのことに心奪われ、熱中すること。

◆仲間と共に思いきり楽しむときは

**「歓《かん》を尽くす」「歓《かん》を極める」**

という表現もピタリです。どちらも同じ意味で、打ち解けて話し合うなどし、十分楽しむこと。「昨日の飲み会、思い切りはじけて楽しかったな」というときの気持ちです。
㋐ 気の合う同窓生と、一夕《いっせき》の歓を尽くした。

◆「面白くて楽しい」気分なら「興」の字を使う

**「感興《かんきょう》」** 興味がわき、おもしろみを感じる。
㋐ 感興のおもむくままにシャッターを押す。

**「興趣《きょうしゅ》」** 味わいのある面白み。

**「一興《いっきょう》」** 少し変わっているけれど面白みがある。
㋐ いつもと違う道を歩いてみるのも一興だ。

◆「うきうき」と「わくわく」と「いそいそ」、どう使い分ける？

**「うきうき」** 「浮き浮き」とも書くように、よい体験をして心が浮き立つ感じ。

**「わくわく」** これから起こるよいことへの期待感で胸が騒ぎ、落ち着かない感じ。たとえば、ネットでようやく買えた商品の到着を待つのは「わくわく」が適しています。

**「いそいそ」** これも楽しさの表現ですが、「いそいそと旅支度をする」のように、うれしいことを早く実現したいときの〝動作〟に重きを置いています。

楽しいことが起こっている最中なら「うきうき」、期待しながら待つときは「わくわく」、動作と連動させるなら「いそいそ」を用いれば、その楽しさを適切に伝えられるでしょう。

**◆「うれしい」と「楽しい」の境界線は?**

「うれしい」も「楽しい」も明るく満たされた気分になることは同じですが、**「楽しい」**は主に自分が何かしている最中にわき起こる感覚で、**「うれしい」**は、望み通りの結果になったと感じたときに味わう「いい気分」です。

㊐とても**楽しい**遠足だった。

㊐スポーツは理屈抜きで**楽しい**。

㊐プレゼントをもらって**うれしかった**。

「プレゼントをもらって彼は**大喜び**した」のように、もらうのが他者なら**「喜ぶ」**を使います。

# 興奮する

楽しさを超える高揚感、気持ちの高ぶりが「興奮」。

◆興奮したとたん、血の流れが変わる!?

**「血が騒ぐ」**
**「血が沸騰する」**
**「目が血走る」**

……など、気持ちの高ぶりと共に血流が変わる感じ、体感的にわかりますよね。

◆「テンション」+「だだ」で興奮の強度を上げるワザ

気持ちが高ぶったとき、やる気が出たときは、**「テンションが上がる」「テンションが高まる」**などと言います。これだとちょっと物足りないときは「だだ」の二文字を加えて**「テンションだだ上がり」**

とすると、「ハイテンション」の状態を簡単に表現できます。

他に**「熱に浮かされる」「ゾクゾクする」**なども、同じ意味合いになります。

### ◆興奮すると「情」もめらめら燃え出す

**「激情《げきじょう》」**　抑えがきかないほど激しく興奮する。まさに「テンションだだ上がり」の状態。

**「情動《じょうどう》」**　急に顔色や脈拍が変わるほど激しく一時的な感情。「興奮」という一つの感情ではなく、喜び、悲しみ、怒り、愛憎、恐れ、恐怖、不安など、すべての感情が高まったときの表現として使えます。

㊢　興奮しすぎて（うれしすぎて、悲しすぎて）情動をコントロールできない。

**「情念《じょうねん》」**　一つの感情にとどまらず、抑えきれないほど深くて強い感情（パッション）を表します。

## 爽やか

心に曇りがなく、晴れ晴れとしたいい気分。身も心もすっきり。

◆「爽快」と「壮快」どっちの気分？

同じ「そうかい」でも、漢字一文字の違いで、少し意味が変わります。

**「爽快」** 爽やかで気持ちがいいこと。

(例) 朝の爽快さは格別。

**「壮快」** 元気にあふれ、勇ましくて気分がいいこと。

(例) 気力が充実して、とても壮快だ。

◆快晴の心の中を表すピタリの四字熟語

**「虚心坦懐《きょしんたんかい》」** 何のわだかまりもない、さっぱりした心持ち。

**「青天白日《せいてんはくじつ》」** 青空に輝く太陽のように、心にやましいことがまったくない。疑いが晴れて無罪が明らかになるという意味もあります。
いつもこの二つの言葉のような「いい気分」でいられたらいいですね。

◆「たまらなくいい気分」を伝えるオノマトペ(擬声語・擬態語)＋《プラス》二字熟語

「オノマトペ(擬声語・擬態語)」はフランス語で、ものの音や声、状態などをまねたやわらかな表現法。
普段から私たちはオノマトペをよく使いますが、二字熟語と組み合わせて使うと、さわやかな気分をイメージしやすく、相手にも伝わりやすくなります。

**「すかっと」＋「痛快《つうかい》」** とても愉快で、心が晴れわたるような快さ。
㊀胸がすかっとする痛快な決勝戦だった。

**「うっとり」＋「甘美《かんび》」** 心地よくてとろけそうな快さ。
㊀甘美なメロディにうっとりまどろむ。

**「すっきり」＋「快味《かいみ》」** 心地よくて気持ちいい感じ。
㊀本音をさらしてすっきり、快味を覚えた。

**「さっぱり」＋「清爽《せいそう》」** 清らかで心身が浄化されそうな気持ちよさ。すがすがしさ。

㊐ 清爽な朝の空気は、さっぱりしてとても気持ちがよい。

◆「爽やかな人」の印象を伝える

**「さばさばしている」「さばけた」**

**「小ざっぱりした」**

**「屈託《くったく》がない」** 憂いがなく、晴れやかでイキイキしている。

**「いなせな」** さっぱりとして洗練されている。

**「けれんのない」** 自分をよく見せようという気持ちがなくさっぱりしている。飾り気がない。「けれん（外連）」は、はったりやごまかし。

㊐ あの人の話すことにはけれんがない。

# 小気味いい

不満が解消されて、す〜っと気が晴れたときのいい気分を表現。

◆心のもやもやが一気に晴れる感覚は

**「胸がすく」**

「胸が空く」とも書くように、心のつかえが取れた晴れやかさを表します。悩み事が解消したり、苦手な相手の失敗を見て「してやったり」という気分にぴったり。

㊞リードされてばかりだっただけに、胸がすく逆転ホームランだった。

**「溜飲《りゅういん》が下がる」**

不平不満、悩みなどが消えて、気が晴れること。「溜飲」とは、消化不良で胸焼けしたときに出るすっぱい液で、これが胃からす〜っと下がってせいせいする感じです。

㊞ようやく仕返しできて溜飲が下がった。

◆胸がすくような相手の失敗を目の当たりにした気分は

**「いい面《つら》の皮だ！」**

「いい面の皮」は、他人や自分の失敗や不幸をあざけって言うときの表現。ずばり口に出せなくても、心でつぶやくだけでも胸のすく言葉です。

㊡パワハラが原因で辞職に追い込まれるとは、いい面の皮だ。

**「（アイツの）面の皮をひんむいてやった、いい気味だ」**

皮肉などを上手く切り返して気が晴れたときは、こんな言い方もできます。「面の皮を剥ぐ」は、厚かましい人をやり込めて恥をかかせること。

◆予想された相手の失敗をあざ笑うなら

**「言わんこっちゃない」「ざまあみやがれ」**は江戸弁。**「ざまあみさらせ」**は河内《かわち》弁。

◆「今に痛い目に遭わせてやる！」という復讐心（リベンジ）を言葉にする

以下は、天敵や憎々しい相手に対し、めらめらと復讐心を燃やしているときの気持ち。やはりちょっと過激な言葉を使った方が胸がすっとするし、「仕返しする」「必ず恨みを晴らす」というモチベーションも上がります。

**「やられたらやり返す」**

**「倍返しする」**

**「落とし前をつけてやる」**

**「目にもの見せる」**

**「鼻をへし折ってやる」**

**「お礼参りする」**

**「雪辱《せつじょく》を果たす」**

**「目には目を、歯には歯を」** 古代バビロニア、ハムラビ法典より。

**「ぎゃふんと言わせる」** これはもう、古くからあるリベンジの言葉です。ぎゃふんの「ぎゃ」は、驚き叫ぶこと、「ふん」は「ふむ」と同じの承諾の意味があります。江戸時代は「ぎょふん」と言っていたのが、明治時代以降に「ぎゃふん」に変わったといわれます。

◆自分が優位に立って「敵を見返す」覚悟の言葉

**「鼻をあかす」** 敵が油断して気を抜いているすきに付け入り、あっと驚かせる。

**「吠《ほ》え面《づら》をかかせる」** 「鼻をあかす」と意味は同じで、ふいをついて、驚き慌てさせる。「吠え面」＝「泣きっ面」のことで、相手を犬にたとえた表現です。

㊞ おぼえとけ、あとで吠え面かくなよ！

**「一泡《ひとあわ》吹かせる」** 相手のすきをついて予想外のことをし、驚かせたりうろたえさせる。

以上、劣勢だった自分を優位に立たせる言葉でした。

# おかしい

楽しく笑えるようなおかしさとは違い、ネガティブなおかしさを表現。「なんか変」「普通じゃない感じ」といったちょっとした違和感から、軽蔑を含んだ嫌悪感まで幅広くあらわします。

◆「ちゃら」を使って「変なおかしさ」を表す

**「ちゃんちゃらおかしい」** 身の程知らずで吹き出したくなるほどおかしい。みっともなく軽蔑を禁じえない。「ちゃら」は「ちゃり（茶利）」が転じたもので、でたらめ、ウソ、でまかせなど、こっけいな言葉や動作を表します。

**「ちゃらんぽらん」** いい加減で無責任。この通り、「ちゃら」から派生した言葉は、苦笑する場面に似合います。

◆違和感のあるおかしさを本音でずばり言うと

**「みっともない」**

**「ばかばかしい」「くだらない」**

**「下種《げす》っぽい」** 品性や風格に欠けている。

**「浅はかな！」**

**「底が知れてる」** 下劣で大したことがない。

◆あまりにばかばかしくて話にならないときは

**「笑止千万《しょうしせんばん》！」**

非常にこっけい。苦笑いを超えて「顔を洗って出直してこい」と怒鳴りたくなるほどの怒りと共に「気の毒だな」という哀れみの感情も含まれます。千万＝はなはだ、まったく。

㊟私にあんなつまらない相談をもちかけるとは、笑止千万だ。

**「片腹痛《かたはらいた》い」**

身の程を知らない人の態度がこっけいで、おかしくてたまらない。もともとは「傍ら痛い」だったのが、当て字で「片腹痛い＝おなかのワキが痛い」となったのです。

㊟あの新人は上司にいつもお尻をふいてもらってるくせに一人前の口をきいて、まったく、片腹痛い。

# おかしい（面白い）

笑い転げたくなるほどおかしい（面白い）ときの気持ち。

◆おかしくて笑いがこらえられない感じは
**「失笑噴飯《しっしょうふんぱん》」**

食べている飯をぷっと吹き出すほどおかしい。すごく笑えるという意味。

◆おかしいときは「へそ」と「おなか」が笑い出す
日本には「へそ（臍）に関することわざや格言が多く、中でもダントツで多いのが「おかしさ」を表す言葉です。
**「へそ（臍）が笑う」**
**「へそで茶を沸かす」**（略して**「へそ茶」**）
おかしくてしょうがないという意味。腹をよじって笑う感じが、湯が沸き上がる様子に似ていることから。ばかばかしくてしかたがない、というネガティブな意味でもよく使われます。

㊞ちゃんちゃらおかしくて、へそが茶をわかすよ。

**「へそが西国《さいこく》する」** へそが関西以西の国まで行ってしまうほどおかしい。

**「へそが入唐渡天《にっとうとてん》する」** あまりのおかしさに、へそが動いて唐（中国の唐）から天竺《てんじく》（インドの旧名）まで渡って行くというたとえ。

**「へそがくねる」**

**「へそがよれる」**

この中から、あなたの「へその笑い方」に合った言い方で伝えましょう！

# 怒る

自分の何かが踏みにじられたときに生じる情動の一つ。感情表現の中でも怒りの言葉が飛び抜けて多いのは、人が「安心」を感じることが少ないことの裏返しかもしれません。自分の怒りと照らし合わせながら最適な用語を選びましょう。

**◆あなたの「怒りの炎」のレベルはどの程度？**

たくさんある怒りの表現の中で、まず一般によく使われる言葉から見ていきましょう。小さな怒りから噴火レベルの怒りまで、矢印の順に怒りのレベルは上がっていきます。

**「小腹が立つ」**　少し腹が立つ。ちょっとしゃくにさわる程度の怒り。

**「小癪《こしゃく》にさわる」**

**「ムっとする」**

**「不本意だ」**　自分の望むところではなく、なんとも不快になる。

↓

**「いまいましい」**　非常に腹立たしくて、癪にさわる。

**「むしゃくしゃする」**　腹立たしくて心が晴れない。

**「むかっ腹が立つ」**

**「業《ごう》を煮やす」**　ことが思うようにいかず、我慢しきれなくなってムカつく。

**「あとからムカついてきた」**　前に言われたことをふと思い出し、ムカっとする感じ。

**「憤懣《ふんまん》やるかたない」**　怒りが抑えられず、何をしても心が晴れない。「やるかたない」…気持ちをすっきりさせる方法がない。

**「お前が言うな！」「お前に言われたくない！」「どの面下げて言ってるんだ！」**

相手の一言に「ムカ〜っ」となったときの心境です。そしてついには噴火レベルに。

←

**「ぶちキレる」「マジギレ」**

**「血が逆流する」**

**「ハラワタが煮えくり返る」「五臓六腑が煮えくり返る」**

**「ムラムラの憤怒《ふんど》」**　「憤怒」は、激しく怒ること。「ふんぬ」とも読む。

←

**「堪忍袋の緒が切れる」**

我慢の限界を超えて怒りが爆発する。「堪忍」は他人の過失を許すこと、「緒」は「ひも」のこと。つまり、許容できる範囲を袋にたとえた表現です。

**「烈火のごとく怒る」**

激しく燃えさかる火のように、すさまじく怒る。

**「癇癪玉《かんしゃくだま》が破裂する」**

**「激おこぷんぷん丸」**

SNSで若い世代に多用された怒りの表現。怒りのレベルでいうと、「おこ」→「激おこ」→「激おこぷんぷん丸」の順に上がり、その上もあります。

**「トサカにくる」**

「頭にくる」ことを強めて言った言葉。「トサカ」は「鶏冠」。かっとなって頭に血がのぼる様子は、確かに鶏の頭の赤いトサカと重なります。

**「怒り心頭《しんとう》に発《はっ》する」**

「心頭＝心の中」で、心の底から激しく怒ること。「怒り心頭に達する」は誤り。

**「怒髪天《どはつてん》を衝《つ》く」**

逆立った髪の毛が冠を突き上げるほどの激しい怒り。また、すさまじい怒りの形相になること。文字も怒っているようで、こうなるともう抑えがききません。

◆四字熟語で言うと、怖さも4倍超！

ところで、噴火レベルの怒り「怒髪天を衝く」を四字熟語で言うと、

**「怒髪衝天《どはっしょうてん》」**

になります。意味は同じで、髪が逆立つほど激しく怒ること。また、そのすさまじい表情。「衝天」は天に向けて突き上げること。

**「怒髪衝冠《どはっしょうかん》」「頭髪上指《とうはつじょうし》」**も意味は同じです。「上指」は上の方向を指すこと。

他にも激しい怒りをあらわす類語、多彩です。

**「修羅苦羅《しゅらくら》」**怒り狂う阿修羅のように激しく心が揺れ動くこと。恨みの感情も含まれます。

**「張眉怒目《ちょうびどもく》」**眉を吊り上げ、目をかっと大きく見開いた怒りの形相を表します。

**「柳眉倒豎《りゅうびとうじゅ》」**美しい女性が怒って眉を逆立てるさま。「柳眉」は柳の葉のように細い眉。「倒豎」は逆立てること。

どれも、書き言葉として使うとかなり迫力が出そうです。

◆言っても書いてもすぐ伝わる、四音で表す怒り

**「ぷりぷり」「ぶりぶり」「ぷんぷん」「プッツン」「ぐらぐら」「ぎらぎら」「むらむら」**

**「がみがみ」「ムカムカ」「イライラ」「カリカリ」「かんかん」「ぶつぶつ」「バカヤロ〜」「ねちねち」「キンキン」「キイキイ」「わなわな」**……など。

**「こんこん」**という四音を使い**「こんこんと怒りがわき起こる」**などの表現もあります。

◆怒りの色は「青」と「赤」

・青い怒り

**「青筋を立てて怒る」**

**「こめかみに青筋が立つ（こめかみをピクピクさせる）」**

・赤い怒り

**「真っ赤になって怒る」「顔を真っ赤にして怒る」**

**「（怒りで）ゆでだこのようになる」**

この通り、激しく怒ると血流も激流となって血相が変わるんです。

◆怒りの本気度が伝わる「目」の変化を表す言葉

**「目を丸くして怒る」「目を吊り上げる」「目がきっとなる」「睨《にら》みつける」「目を三角にす**

る」**「目をとがらせる」「目をむく」「目が血走る」「目に角が立つ」**……など、怒りに震える目はどれも強烈で、直視しただけで震えそうです。

**「目くじらを立てる」**という言葉もありますが、これは、ささいな欠点を責めたてること。「目くじら」は「目尻」のことで「目くじり」とも。もちろん「クジラ（鯨）」とは無関係で、目尻を吊り上げて怒る表情から生まれた言葉です。

◆**目だけじゃない、激怒の表情あれこれ**

最初は**「むくれる」「ふくれっ面」「口をとがらせる」**程度だったのが、怒りの炎がめらめら燃え上がると**「唇をひん曲げる」「眉をつり上げる」「肩をいからせる」「泣いて怒る」「鬼の形相」「鬼面《きめん》」**……のように、次第に鬼のような顔に変化します。このように、怒った様子が表情にあらわれることを**「気色《けしき》ばむ」**なんて言います。

◆**怒りのボタンは全身にあった**

怒りが発火すると、全身にわっと燃え広がるので、体のパーツやリアクションで表す怒りの表現は他にもまだたくさんあります。ざっと見ていきましょう。

・「声」で怒る
**「金切り声を上げる」「声を荒らげる」「とげのある声」「声を震わせて怒る」**
・「歯」で怒る
**「憤怒の歯ぎしり」**
・「腹」で怒る
**「ヘソを曲げる」「腹にすえかねる」「腹の虫がおさまらない」**

**「中《ちゅう》っ腹《ぱら》」**　おなかの中に怒りを抱えたまま、発散できずにむかむかする感じ。

「立腹」や「腹が立つ」と言うように、怒っているときは体じゅうに緊張が走り、腹筋が立って固くなると言われます。おなかは、怒りをはじめ、感情の変化に敏感なのです。
・「全身」で噴火！　を表すリアクション
**「怒りに打ち震える」「こぶしを振り上げて怒る」「地団駄を踏む」「つばを飛ばして怒る」**

などなど、怒っている人のしぐさ、イメージすると、ちょっと笑えてきませんか？

◆変化球だと凄みが増す。上司から部下への怒りの投げかけ方
テレビドラマの名ゼリフなども参考に、もし上司に言われたらぶるっと震えがきそうな

言葉をピックアップ。自分で試したり、言われた場面を想像して策を練ってみては?

**「……君には教えられることが多いね」**

**「私も小さい人間だからね……、こういうことされると少々びっくりしちゃうんだよ」**

地位も名誉もある人に言われるほどぎくっとしそうです。

**「さて、どういう趣向か話を聞こうじゃないか」**

**「私にだけ報告しなかったわけだね? それでカチンと来ない人間いますか?」**

**「これ、会社で教えることじゃないだろう」**

**「安心してキミに任せてたんだがなぁ……」** 期待感を伝えて反省させる手法です。

**「ただ黙って座っている者は、会議に出席するな!」**

**「(そういうことされると) いい気持ちはしないなぁ……」**

**「気持ちのいいものではないよ」**

これらを参考に、さらにぴりっと辛い名ゼリフ、考えてみませんか?

◆怒、怒、怒……。いろんな怒りを二文字で吐き出す

**「憤慨」** ひどく腹を立てる。

**「激昂《げっこう》」** 怒りで感情がひどく高ぶる。

**「激憤」「憤激」** 激しく憤る。

**「激怒」「赫怒《かくど》」「憤然」** 激しく怒る。

**「痛憤《つうふん》」** 大いに憤慨する。

**「鬱憤」** 表に出さず、心の中に積もり積もった怒り。

**「怒気」** 怒った気持ち。

**「憤死」** 怒りのあまり死ぬこと。

**「憤懣」** 腹が立ってもだえる気持ち。

㊐ 憤懣やるかたない。（どうやっても腹立たしく、気持ちが晴れない）

**「逆鱗《げきりん》」** 目上の人の激しい怒り。「逆鱗」とは、竜のあごの下にある逆さに生えたうろこのこと。ここに触れると普段はおとなしい竜が怒り、必ずその人を殺すという伝説から。

**「積怒《せきど》」** 積もりに積もった怒り。

**「義憤」** 道にはずれたこと、不公正なことへの怒り。

**「私憤」** ㊢ 政治家の度重なる差別的な発言に義憤を覚える。

個人的なことに関する怒り。

**「余憤《よふん》」** 怒りがなかなか晴れない。

㊢ 余憤がおさまらず、一睡もできなかった。

◆怒りの先にあるさまざまな感情表現

「怒り」は二次感染しやすい感情で、悲しみ、寂しさ、不安、怖さ、といった感情も巻き込むことがよくあります。いくつか例を挙げてみましょう。

**「怒りを通り越して情けない」**

**「悲しみとも怒りともつかない激情」**

**「悲しみ憤る」**

**「情けないわ腹立たしいわで涙が出てくる」**

そして、「長く続く怒り」は、やがて「恨み」に変わる可能性が高いのです。

◆怒りの感情を抑えて伝えるテクニック

たとえば商談中など、話し合いの席で相手の言葉にカチン。怒りの感情がむらむらっとわき上がってきたとします。そんなとき、表向きは怒らずに「怒ってますよ」と示せる言葉をご紹介。

**「(それは) 心外ですね」**「怒ってます」とは言えなくてもこれなら言える、使える一言。

**「…はなはだ困惑しております」**

**「すみません……ちょっと顔が火照《ほて》ってきたので」**(そう言って、少し席をはずす)

**「大変、勉強になりました。いろいろな意味で成長できそうです」**(一言ずつあえてゆっくり言うと、怒りの感情が相手に伝わりやすくなります)

**「そのようにおっしゃるのは (とられるのは) 大変残念です」**

いずれも、一瞬の感情に流されないように、意識的にゆっくり対応することが大事。怒りのピークは6秒とも言われているので、手元のお茶を飲むなどして少し時間を置くだけでも感情がコントロールできます。自分なりの言い方、伝え方を工夫してみましょう。

## 悔しい・後悔する

失敗したり、屈辱的な体験から起こる、あきらめきれない腹立たしさ。

◆日常のちょっとした悔しさを表現するなら

**「小癪《こしゃく》にさわる」**

がズバリ。少し腹が立ってくやしい気持ちです。たとえば、五百円分のクーポンがあるのに期限までに四百円しか使えなかった。頼んだ商品が宅急便で届き、喜んで開けたら、商品が色違いでがっくり。そんなときは「小癪にさわる」でしょう。

**「癪にさわる」**の「癪」は腹痛などを意味する言葉。腹が立ったり悔しがると腹が痛むというわけです。

◆「すごく癪にさわる」ときのリアクションは

**「地団太《じだんだ》を踏む」**

**「ごまめの歯ぎしり」**

実力のない者や弱い者が、どうにもならないのに腹を立てて悔しがる。「ごまめ」は、小さなカタクチイワシを素干しにしたもので、実力のない者のたとえ。

**「唇を噛む」**

**「悔し涙に暮れる」**

◆意見の食い違い、期待はずれなどによるがっかり感や悔しさを伝える

**「遺憾《いかん》に思う」**　遺憾：期待したようにならず、心残りで残念に思うこと。

政治家が記者会見などでよく使うこの言葉、外交問題などでは、表向きは「遺憾に思う（＝とても残念）」と言いながら、批判や抗議のニュアンスも含んでいます。一方で、謝罪の意味はないので、「法的な責任はとらない」とやんわり。謝らなければいけない場面ではっきり「スミマセン」と言えないときにも使います。

㊞ 遺憾の意を表する。

**「まことに遺憾」「極めて遺憾」**
のように言うと、さらに残念さや抗議の気持ちを強調できます。日本語特有のあいまい表現なので、意味を取り違えないようにしましょう。

がっかり感と悔しさを表すなら、こんな言い回しもあります。

**「口惜《くちお》しい！」** やや古風な言い回しです。

**「（そのやり方には）違和感を覚える」**

**「受け入れられない」「まったく受け入れられない」** これも、政治家が最近よく使います。

**「容赦しがたい」**

**「断固抗議する！」**

◆非常に残念で悔しい言持ちがすぐ伝わる四字熟語

**「無念千万」**

**「残念至極」**

**「咬牙切歯《こうがせっし》」** 歯ぎしりするくらいひどく悔しがる。

**「切歯扼腕《せっしやくわん》」** がりがり歯ぎしりしたり腕を握りしめたりするほど非常に残念がる。「扼腕」は、片方の腕をもう片方の手で握りしめること。

**◆悔しさ、残念さを含んだ二文字**

**「恨事《こんじ》」** とても残念で、恨めしいほど悔しい。

**「痛恨」** 非常に残念に思う。

㊄まことに痛恨の極みです。

**◆「後」の字で「後悔」の気持ちを伝える**

「悔しい」は、くよくよと悔やむ「後悔」の気持ちも表します。よく使われるのが、次の「後」の字を使った表現です。

**「後悔先に立たず」** 終わったことをいくら悔やんでもどうにもならない。

**「後の祭り」** もう手遅れで、今さらどうしようもない。

㊄失言に気づいたものの、もう後の祭りだった。

**「後ろ髪を引かれる」** 心残りで、きっぱり思い切れない。

◆「へそ」で後悔する言葉にも注目

**「臍《ほぞ》を食う」** 「臍」は「へそ」のこと。

**「臍をかむ」** どうにもならないことを悔やんで残念がる。自分のへそは自分の口ではかめませんが、それでもかもうとするほど悔やむことのたとえ。

# 恥じる

自分のしたことや至らなさを自覚して、深く恥じる気持ち。

◆自分の言動を深く恥じ入る気持ちにピタリ

**「忸怩《じくじ》たる思い」**

ここでは、ニュースなどでもよく耳にする二つの言葉に注目。

自分のしたことを恥と思い悟ること。「忸＝恥じる」と「怩＝恥じる」と、恥を二つ並べることで思いが強調されます。「ああ、なんとお恥ずかしい……」そんな心境です。使い方を誤りやすいので注意しましょう。じくじく悩むこととは違います。

㊞大きな失敗をしでかし、じくじたる思いだ。

**「慚愧《ざんき》に堪《た》えない」「慚愧の念に堪えない」**

これは自分の行いを恥ずかしく残念に思い、反省する言葉。政治家の謝罪コメントでも使われ「役人言葉」などともいわれます。参考までに、慚愧の「慚」は、自分自身の行動や罪を反省して恥じる心。一方の「愧」は他人に対して恥じる心。

㊎ このような事件となり、慚愧に堪えない。

◆深く恥じ入る気持ちを素直に伝える

**「お恥ずかしい限りです」**「お」を付けることで丁寧な印象になります。

**「赤面の至りです」** 顔を赤らめるほど恥じ入る。

**「汗顔《かんがん》の至り（でございます）」**

汗をかくほどとても恥ずかしく思い、恐縮している。

㊎ 今思い出しても、汗顔の至りだ。

## 負けた！

試合に、権力に、気力に、自分に「負けた」ときの、へなっと力が抜けるような敗北感。

◆これはもう「完敗だ」というときの気持ち

**「ぐうの音《ね》も出ない」** 弁解や反論がまったくできない。

**「到底及ばない」**

**「遠く及ばない」**

**「手に余る」** 手に負えない。

**「傷一つつけられない」**

**「手も足も出ない」** なす術がなく、どうしようもない。

**「歯が立たない」** 相手が強すぎてとてもかなわない。

**「太刀打ちできない」** 力の差があり過ぎて、決して張り合えない。

**「足下にも及ばない」** 足下にも寄りつけないほど相手がすぐれていて、比べようがない。

**「惨敗」** みじめなほど徹底的に負ける。

**「完敗」** 完全に負ける。

◆気力で負けたなら
**「気持ち負け」**

**「根負け」** 相手の根気に負けて、気力が続かなくなる。

**「負け犬感」** いろいろなことがうまくいかず、自己評価が下がってしまった気持ち。

◆戦いに「完敗」したときに合う四字熟語
**「三軍暴骨《さんぐんばくこつ》」** 大差で戦いに負けること。まさに完敗。「三軍」は大軍のたとえ、「暴骨」は多くの兵士が死んで骨になるという意味です。

**「驕兵必敗《きょうへいひっぱい》」** 敵を侮り、おごり高ぶった軍隊は、必ず敗北する。「驕兵」は慢心している軍隊のこと。

# 惜しい！

「もう少しで実現できたのに……」そんなときの心残りな感じ。

◆一歩手前で達成できなかった悔しさを表す言葉は

**「あと一歩及ばない」**

**「もうちょい」**

**「もう一息（だったのに）」**

◆残念な試合をしたときの気分にピタリの表現は

**「しょっぱい！」**

㊞しょっぱい試合だ。

㊞演技がしょっぱい。

振り返ると落ち込むようなつらい記憶は**「しょっぱい思い出」**。

◆「しょっぱい」を別の言葉でも言ってみる

**「いまいちな」**

**「とほほな」**

**「大したことない」**

**「盛り上がらない」**

**「見せ場に乏しい」**

**「面白みに欠ける」**

**「ぬるい」「なまぬるい」**

◆がんばっても結果が出ないへなへな感は

**「骨折り損のくたびれもうけ」** 努力が報われない。

**「労《ろう》多くして功《こう》少なし」「労して功なし」** 苦労した割に効果が伴わない。

**「無駄骨に終わる」**

◆「惜しい！」をあらわした故事・ことわざ

**「百日《ひゃくにち》の説法《せっぽう》屁《へ》一《ひと》つ」**　長い間の苦労がちょっとしたことでぶち壊しになるたとえ。

百日にわたる説法をしても、お坊さんのおなら一つですべて台無しになることから。

**「画《が》竜《りょう》点睛《てんせい》を欠《か》く」**　肝心なところが欠け落ちてしまい、あと一歩。

(例)すぐれた作品だが、仕上げが不十分で画竜点睛を欠く。

**「仏つくって魂入れず」**　いちばん肝心なところが抜け落ちている。

◆「惜しい」ときは、運のせいにしたくなる!?

**「ツキに見放された」**

**「貧乏くじをひいた」**

うまくいかないと、こんな心境になることもありますよね。

# 反省する・顧みる

自分のしたことを振り返って改めようとする心。

◆悔いて大いに反省する気持ちが伝わる二文字

**「猛省」** 厳しく強く反省すること。深く反省しているときは、これだけで伝わります。

**「深省《しんせい》」** 深く反省すること。

◆後悔と反省と残念は紙一重

**「悔い改める」** 過去の過ちを反省し、心を入れ替える。

**「悔恨《かいこん》の念にかられる」** 過ちを反省し、悔やんで残念に思うこと。「後悔」も意味が似ていますが、「悔恨」は「あんなことしなければよかった」という自省を含むより強い気持ちを表します。

**「悔悟《かいご》の涙を流す」** 悪かったと認め、後悔する。「悔悟」は、過ちを悔いること。

## 弱気・劣等感

「自分はダメかも、無理……」と自信がなくなったときの心境。

◆気力がなくて前に進めない気持ちは「腰」と「尻」で表す

**「へっぴり腰になる」** 自信がなさそうにびくびくする。

**「逃げ腰になる」** 責任から逃れたい。

**「及び腰になる」**

**「弱腰《よわごし》になる」** 弱気でいかにも消極的。反対は **「強腰《つよごし》」**。

**「尻込みする」** ぐずぐずしてためらう。

◆内気で「情けない」感じを表現する言葉

**「根性なし」** 度胸や勇気に欠ける人や自分自身に愛想が尽きたら、思わず一言……。

**「腑《ふ》抜《ぬ》け」** 意気地《いくじ》がない。

**「小胆《しょうたん》」「小心」** 気が小さく度胸がない。少しのことにもくよくよしたり怖がったりする。

**「不甲斐ない」** 歯がゆいほど意気地がない。

**「ヘタレ」** 腰抜けの臆病者、弱虫、意気地なし。

**「へなちょこ」** 未熟者。役立たず。

**「なげかわしい」** 情けなくて、もはや憤りさえ感じる。

◆弱ったときの心の状態は

**「心が萎える」**

**「折れそう」**

◆弱気で「ダメな私」を四文字で言い当てる

**「劣弱意識《れつじゃくいしき》」** 他人と比べて自分は劣っていると思う気持ちが強まると、劣等感と引け目におおわれた劣弱意識に。逆は「優越感」。

**「小心翼々《しょうしんよくよく》」** 気が小さくてびくびくしている。

㊄ 小心翼々として、いつも相手の顔色をうかがってしまう。

他に、**「自信欠如」「自己否定」**などの表現もよく使われます。気弱になっているときは、何をしても「びくびく」で腰が引けてしまいます。逆に、肝っ玉（きもったま＝ものに動じない精神力）が大きい人は、行動パターンも積極的です。

**◆「ビビる」という言葉は平安時代から使われていた！**

**「ビビる」**＝気後れする、はじらう、はにかむ、などの気持ち。

若者言葉や流行語と思っている方がいたら、それは誤りです。実は「ビビる」という言葉、平安時代末期には既に使われ、源氏と平家とも関わりがあるといわれます。

もともとは、大軍が動いて鎧《よろい》が触れ合う音が「びんびん」響くので「びびる音」と呼んだのが初まりとか。平家が今の静岡県富士川あたりに陣を置いたとき、小鳥がいっせいに飛び立つ音を聞いて「源氏軍が大挙して来た」と勘違いしビビって逃げた、という逸話も残されています。平家もビビっていたとは、語源を探ると意外な歴史が見えてきます。

## ひどい・むごい

あまりにひどい仕打ちに憤慨し、荒れ狂う心の中。

◆あまりにむごい仕打ちをストレートに言う

**「血も涙もない」**

**「情けも容赦もない」**

**「鬼畜《きちく》のような」** 人を人と思わない残虐さ。

**「陰惨《いんさん》極まりない」** これ以上ないというほど非情でむごたらしい。

◆「ああ、むごい！」を四字熟語で伝える

**「冷酷無残」** 人間らしい情がなく、むごたらしく残忍。

**「冷酷無比」** 冷たく残酷で人間味に乏しい。

**「残忍非道」** このうえなく道理にはずれていて、むごい。

そして、きわめつけの言葉はこれ、

**「人面獣心《じんめんじゅうしん》」** 顔は人間でも、心は獣に等しい。

◆「むごすぎる」という気持ちを一言で

**「厳酷《げんこく》」** 激しくむごい。

**「酷薄《こくはく》」** やり方がひどくむごく、思いやりがない。

他に、**「冷血」**、**「残虐」** などの言葉もよく使われます。

# 肯定できる・気持ちは前向き

「まあイケる」「けっこうイケる」という微妙な気持ちを伝える、便利な言葉とは？

◆否定形を使い「好き、よい、ＯＫ」の意思表示をする

以下は一見あいまい表現ですが、よく使われる、使える言葉です。

**「嫌いじゃない」「嫌いではない」** 実際は「わりと好きだ」という気持ち。

**「悪くない」** 「けっこういいと思う」という気持ち。

**「まんざら（満更）でもない」「まんざら捨てたものではない」**

悪くない。意外とイケる。諸手を挙げて歓迎はできなくても、必ずしも悪くはない、または、かなりよいというニュアンスで使われます。

㊞ 結果は、まんざらでもない。㊞ まんざらでもない顔つき。

**「悪い気はしない」** 不快な気分になるわけではなく、むしろ気分がよくなる。

**「やぶさかではない」** 積極的に「やりたい」という意思表示。「やぶさか（吝か）」は、

もともと「あまり気が乗らない」という後ろ向きな気持ち。これを否定することで「やってもよい」「喜んでやる」といった肯定的、積極的な意味合いに変わります。

㊺ そちらがやる気なら、こちらもやぶさかではない。協力します。

◆前向き？　いえちょっと微妙な意味合いも

**「前向きに検討する」**

ビジネス上では大人の事情も見え隠れします。そのまま「前向きに取り組む、善処する」という意味でも使いますが、「しばらく考えたい」「承諾できそうだけど、確認が必要」あるいは、「その場では断りにくいので、ワンクッションおこう」という目的で使うことも。

◆「まあまあイケる、とりあえずOK」の気持ちなら

**「よしとする」**

**「まあ、よしとしよう」**

㊺ ここまでやってくれたのだから、まあよしとしよう。

そんな気持ちになること、けっこうありますよね。

# 2章

# 好き、嫌い、かわいい、嫉妬

etc.

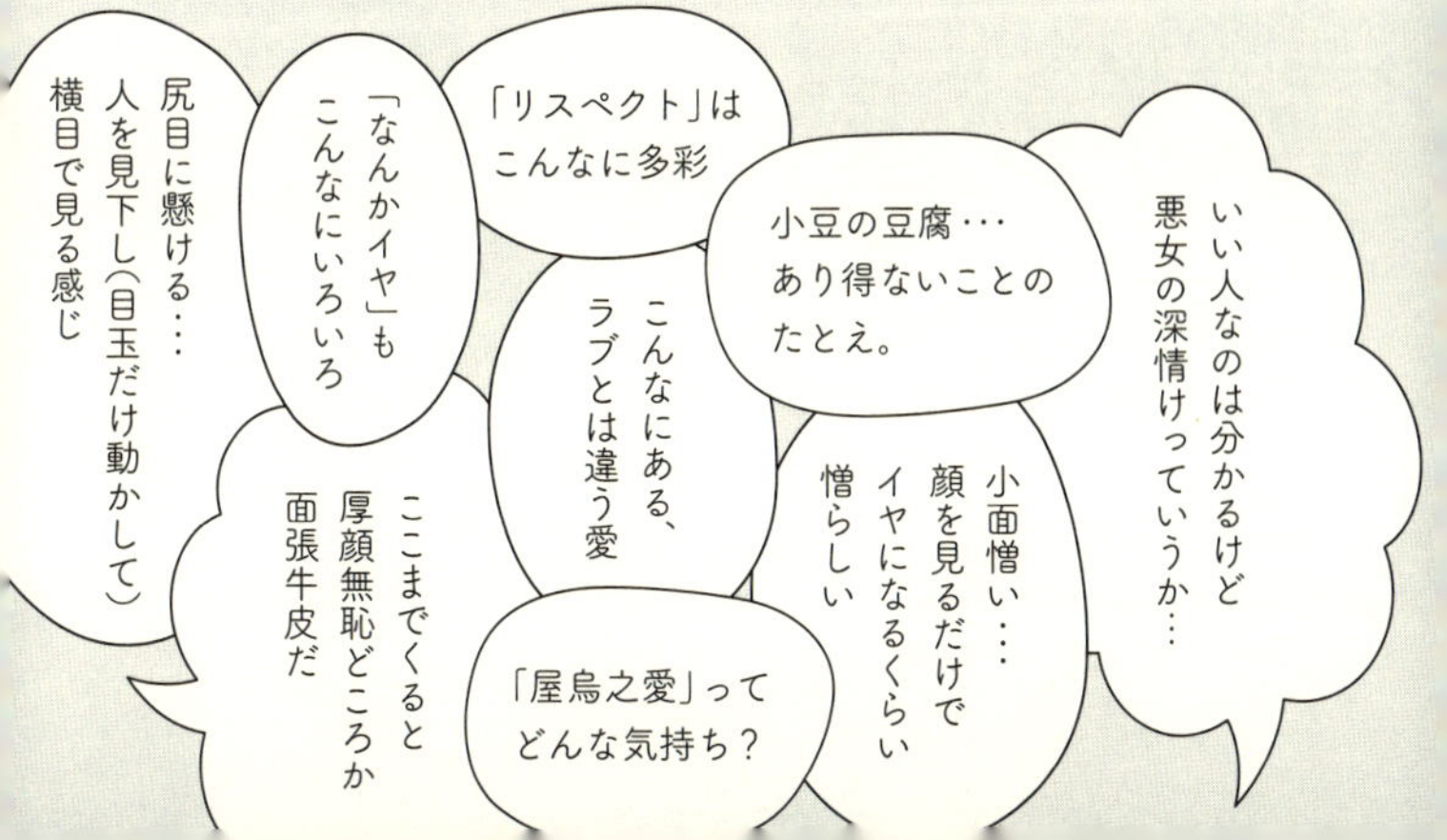
いい人なのは分かるけど
悪女の深情けっていうか…
小豆の豆腐…
あり得ないことの
たとえ。
小面憎い…
顔を見るだけで
イヤになるくらい
憎らしい
「屋烏之愛」って
どんな気持ち？
「リスペクト」は
こんなに多彩
こんなにある、
ラブとは違う愛
「なんかイヤ」も
こんなにいろいろ
ここまでくると
厚顔無恥どころか
面張牛皮だ
尻目に懸ける…
人を見下し(目玉だけ動かして)
横目で見る感じ

## 好き・愛する・慕う

「この人いいな」という気持ちもさまざま。愛、恋愛、熱愛、親しみ、いろいろな角度から「好き」の言葉を探ってみましょう。

◆ラブとは違う「愛」に満ちた二文字にまず注目

**「慈愛」** わが子に対するように慈しみ愛する気持ち。

**「自愛」** 自分自身を大切にすること。

同じ「じあい」でも意味が異なります。

**「情愛」** 思いやりを伴った愛情。

**「仁愛」** 人を深く愛し、思いやる心。

**「至愛《しあい》」** この上ない愛。

**「友愛」** 兄弟や友人間の情愛。

**「恩愛」** 親子や夫婦間の愛情。慈しみ。

**「愛惜」** 人や物を愛しく感じ、大事にする。名残惜しく思う、という意味も。

**「兼愛」**　自他の区別なく人々を平等に愛する。

◆燃え上がるとちょっとコワイ「恋愛」

**「身を焦がす」「身を焼く」**　激しい恋慕の情にもだえ苦しむ。

**「惚《ほう》ける（呆《ほう》ける）」**　ぼ～っとなる。すっかり夢中になる。

**「とりこになる」**　心奪われ、もう離れられないという気持ち。

**「恋い焦がれる」**　恋しさに心乱れて、思い悩む。

**「惚れた欲目《よくめ》」**　一度惚れてしまうと、相手の欠点に気づかぬばかりか欠点さえよく見える。

◆めらめらの熱愛を二文字で表現

**「恋草《こいぐさ》」**　恋しい気持ちが激しく燃え上がる。

**「狂恋《きょうれん》」**　正気でいられないほど激しい恋愛。

**「愛染《あいぜん》」**　愛欲に心を染め、執着する。

◆恋愛の果てに起こり得る気持ち

熱愛が終わったり実らないと、未練が残ってなかなか思い切れず、次のような感情がやってきます。

**「未練たらたら」**　たらたら：好ましくないことを延々と言い続ける。「お世辞たらたら」「不満たらたら」などでも用いられます。

**「恋々《れんれん》と」**　恋という字が連なって「未練がましい」。恋愛の情を思い切れない他、魅力あるポストを捨てられない意味でも使います。

㊐ 恋々たる感情があふれ出す。

㊐ 地位に恋々としがみつく。

◆相手に「親近感」を覚えたときの気持ち

**「初めて会った気がしない」**　まだ会って間もないのに「なんか、この人とは波長が合う」と感じること、あるでしょう。

**「息が合う」**

**「他人とは思えない」**

**「憎からず思う」**　「憎からず＝憎くはない」転じて好感や親近感を抱くこと。素直に「好き」と言えないけれど「これから恋愛に発展しそう」というほのかな恋心を伝えたり、上司がお気に入りの部下をひいき目に見てかわいがる気持ちなどにも使えます。

◆異性の他にも使える「恋しさ」の表現ならこれ

**「慕《した》う」** 離れている人などを恋しく懐かしく思う。

㊟ 兄のように慕う。

「恋しい」や「懐かしい」とは異なり、まだ接触のない相手でも使える言葉です。

◆「慕」の字で「慕う気持ち」を表現

**「思慕」** 思い慕うこと。離れた人と一緒にいたいという気持ち。

㊟ 故郷の母に思慕の念を抱く。

**「恋慕」** 恋慕う気持ち。「思慕」と似ていますが、こちらは特定の異性への感情。

**「愛慕」** 愛して慕うこと。

**「慕情」** 慕う。特に異性を恋しく思う気持ち。

# 憧れる・尊敬する

「自分もあんな人になりたい」「なんて素敵な人だろう」と惹かれる気持ち。

◆憧れのあの人への思いを伝える言葉は

**「憧憬《しょうけい》」** 理想とする人や物事に強く心ひかれ、憧れる。（「どうけい」とも）。

◆心からの尊敬をあらわす二文字

**「畏敬」** 偉大な人を心から尊敬する（おそれ敬う）気持ち。

**「敬愛」** 尊敬と親しみの気持ち。

**「崇敬《すうけい》」** 崇《あが》める気持ちで敬う。

**「崇拝」** 心から崇め敬う。

**「心酔」** 深く尊敬して夢中になる。

**「リスペクトする」**

## かわいい・愛《いと》おしい

「愛おしい、たまらなくかわいい、大事にしたい」という気持ちが高まると、より激しい感情になり、ちょっと危険。そんなぎりぎりの胸の内を表す言葉とは？

◆とにかく「たまらなくかわいい」という気持ち

**「目に入れても痛くない」**

**「猫かわいがりする」**

**「なめるように可愛がる」**

**「溺愛《できあい》する」**

**「鍾愛《しょうあい》する」** 大切にしてこのうえなくかわいがる。「鍾」は「集める」の意。愛を集めるわけです。

㊒ 初孫を鍾愛する。

このように、かわいがりすぎると、人はめろめろ、デレデレの状態になるのです。

◆では、「目に入れても痛くない」の上は？

こんな、ずばりの四字熟語があります。

**「屋烏之愛《おくうのあい》」**　溺愛のたとえで、愛する人に関するすべて、家にとまっているカラスさえも愛おしく感じられるという、めろめろの心中です。**「愛屋及烏《あいおくきゅうう》」**または**「愛及屋烏《あいきゅうおくう》」**も同じ意味です。

**「舐犢之愛《しとくのあい》」**　牛が子供をなめるように、親が子を溺愛する。「犢」は子牛のこと。

## キレイ

思わずうっとりするような美しさ、色香がぷんぷん漂うあやしげな美しさ。二通りの「キレイ」を伝える言葉を厳選。

◆美しさが香るキレイな言葉

**「優美」** 上品でしとやかな美しさ。

**「華美」** 華やかで美しい。

**「秀美」** ひときわすぐれて美しい。

**「純美」** 純粋で美しい。

**「絶美」** このうえなく美しい。

**「秀麗」** 他のものより一段とすぐれていて、すっきり美しい。

**「美麗」** 美しくて艶《あで》やかで、見た目に立派。

**「濃艶」** とても艶やかで美しい。

**「美妙」** 何ともいえないほど美しい（「微妙」ではなくて「美妙」です）。

「**壮麗**」　壮大で美しい。㊞赤富士の壮麗な姿にうっとり。

◆文字からもフェロモンが……妖《あや》しい「色香」を伝える二字

「**魔性**」　まるで悪魔のように人を惑わす美しさ。

「**妖艶**」　人の心を惑わすほど艶やかで、妖《あや》しい美しさ。

「**妖美**《ようび》」　人の心を惑わす妖しい美しさ。㊞妖美な女性。

「**蠱惑**《こわく》」　人の心を妖しい魅力でひきつけて惑わす。㊞男を蠱惑するような目だ。

◆妖しい魅力をカタカナで言うと

「**コケティッシュ**」　なまめかしくて色っぽい。

「**セクシー**」　色っぽく、性的な魅力を感じさせる。

この二つの言葉はよく似ていますが、「コケティッシュ」は、男性に媚《こび》を売るような女性特有のなまめかしいしぐさ（コケットリー）を含む表現です。

㊞コケティッシュなしぐさ。

# 憎む

「愛」と対立関係にある感情が「憎しみ」。相手に対する羨望、嫉妬、敵意、非難などを含むやっかいな負の感情です。

◆愛が憎しみに変わるときの気持ち

**「かわいさ余って憎さ百倍」** かわいいと思うほど憎しみも強まる。人の感情は複雑です。

**「可愛《かわい》可愛《かわい》は憎いの裏」** 内心では憎く思っていても口先ではかわいいと言う。

◆とにもかくにも憎々しい気持ち

**「小憎らしい」**

**「憎体《にくてい》」** いかにも憎々しい感じ。

㊎ 憎体な口のきき方をする人だね。

**「面憎《つらにく》い」** 顔を見るのも憎らしいほど嫌い。

**「小面憎《こづらにく》い」** 小生意気で、顔を見るのも憎らしい。

**「怨憎《おんぞう》」**　うらんで憎むこと。

◆ちょっと憎いけど、感心せざるをえない相手に送る言葉は**「心憎い！」**　憎らしく感じられるほどすぐれている。

**「憎らしいばかりに美しい」**

◆相手のすべてが憎い……人の心理をずばり突く言葉

**「坊主憎けりゃ袈裟まで憎い」**　憎しみのあまり、その人の周りのすべてが憎らしく感じられるという有名なたとえ。

㊟あの人の飼い猫まで憎むとは、坊主憎けりゃ袈裟まで憎いとはよく言ったものだ。

**「親が憎けりゃ子まで憎い」**　子供に罪はないけれど、親への憎悪がその子にまで及ぶ。

他にも**「嫁が憎けりゃ孫も憎い」**なんて言う人もいます。憎悪の連鎖は止まりません。

## うらむ

憎しみにも含まれる「うらみ」の感情。自分はひどい仕打ちを受けたと不満に感じ、そのことを憤り、憎む、どろどろとした感情です。

◆その感情は深いうらみか？　ささいなうらみか？

・とろとろレベルの小さなうらみ

**「睚眦《がいさい》の怨《うら》み」**（「睚眦之怨」とも）。「睚眦＝睨《にら》むこと」で、人に睨まれたことをうらむ程度のほんのわずかなうらみ。

**「含むところがある」**　心の中に、うらみや不満をひそかに抱いている。

・どろどろレベルのうらみ

**「恨《うら》み骨髄《こつずい》に徹《てっ》する」**　骨の芯までしみ通るほど非常に深く人をうらむ。

**「修羅《しゅら》の妄執《もうしゅう》」** 争いのうえの激しいうらみの執念。

㋑ 修羅の妄執を晴らす。

**「不倶戴天《ふぐたいてん》」** この世に共存できない、決して許せないと思うほど深くうらむ。

**「多情多恨《たじょうたこん》」** 感情が敏感で、うらんだり悔やんだりすることが多い。

どの言葉も、見た目にどろどろとしたコワイ感じが伝わって来ます。

**◆二文字で伝えるいろんなうらみ方**

**「遺恨《いこん》」** 忘れられず、心に深く残っているうらみ。

**「怨恨《えんこん》」** 心にわだかまる深いうらみ。

**「怨念《おんねん》」** 忘れられない強いうらみ。

**「旧怨《きゅうえん》」** 昔からの古いうらみ。

**「積怨《せきえん》」** 積もり重なった長年のうらみ。

**「宿怨《しゅくえん》」** ずっと持ち続けている古くからのうらみ。祝宴でも宿縁でもなくて宿怨です。

**「痛恨《つうこん》」** ㊞積もり積もった宿怨をついに晴らす。
ひどくうらむこと。残念に思って悔やむこと。

**「恩讐《おんしゅう》」** 恩とうらみ。
㊞恩讐を越えて手を結ぶ。

**「怨声《えんせい》」** うらむ気持ちがこもった声。

◆根っこにしみついた恨みを表す言葉

**「根に持つ」** いつまでも恨みに思って忘れない。
㊞あの人、けっこう根に持つタイプだから。

**「恨みつらみ」** 積もりに積もったさまざまな恨みで、憎くて憎くて、つらくてつらくてしょうがない。
㊞恨みつらみをぶちまける。

◆どちらもやっかいな、二通りの恨み方

**「片恨《かた》み」** 一方的な恨み。

**「逆《さか》恨み」**　こちらが恨むべき人に逆に恨まれる。要は、逆ギレのようなもの。

### ◆「恨み」と「怨み」と「憾み」どこが違うのか？

すべて「うらみ」と読みますが、うらみの強度や意味が少しずつ異なります。

**「恨み」**　相手を憎んだり不満に思ったりする。

**「怨み」**　憎悪が伴い、自分に害を及ぼした相手を強くうらむ。

**「憾み」**　思った通りにならず残念でうらめしい気持ち。

簡単に言うと、「恨み＝不満」「怨み＝憎悪」「憾み＝後悔」という違いがあります。

「恨み」と「怨み」はよく似ていますが、「怨む」の方が、憎しみが強くなります。「憾む」は、不満や残念な気持ちが相手より自分に向いている点が、他の二つと異なります。

㊐ 左遷され、上司を恨みたくなった。

㊐ 事故で職を失ったことを、一生怨み続ける。

㊐ ミスを連発し、不勉強だったことを憾んだ。

文字に書くときは「この感情はどんなうらみかな？」と考えて適切な使い分けを。

## 妬《ねた》む・嫉《そね》む・嫉妬する

妬み、嫉み、嫉妬は深くつながっていて、人を「うらやましい」と思う気持ちが引き金になります。羨望が憎しみを連れてきて、どろどろした感情になるのです。

**◆妬み・嫉み・嫉妬は、似ているようでちょっと違う**

他人をうらやんで、憎んだり、腹が立ったり、イジけたりする感情が、妬み、嫉み、嫉妬。自分では認めたくなくても誰もが抱くごく普通の感情です。意味は基本的に同格ですが、細かく見ていくと少し違いがあります。

**「妬《ねた》む」** 自分にないものを持っている人をうらやましがり、憎々しく、腹立たしく感じて邪魔したくなる。

**「嫉《そね》む」** 自分にないものを持っている人をうらやましがり、憎々しく、呪《のろ》わしい気持ちになる。また、自分が持っていないことに失望や悲しみの感情を抱く。

つまり、ないものを持っている相手にフォーカスして腹が立つのが「妬む」、持っていない自分にフォーカスしてイジけるのが「嫉む」、という見方ができます。

㊞営業トップのAさんを妬《ねた》んだBさんは、Aさんの悪口を言いふらした。

㊞営業トップのAさんを嫉《そね》んだBさんは、落ち込んでやる気を失っていった。

**「嫉妬する」** 妬み、嫉みの両方を含むさらに複雑な感情。自分が持っているものを奪われることへの恐れや苛立ちがあり、相手の性質をうらやんだり、腹立たしく感じたりします。

◆「嫉妬」にはあって「憧れ」にはないものは？

これはもう説明するまでもありませんね。「憧れ」はただ相手に惹かれているだけですが、「嫉妬」になると、相手の長所をうらやんで妬むなど、ネガティブな感情が深くなります。

◆仲良しの男女に抱く嫉妬心を表すピタリな言葉

**「岡焼《おかや》き」** カップルの仲の良いことを妬む。「傍焼《おかや》きもち（はたでやきもちを焼く）」の略で「傍焼き」とも。

(例) Aさんと Bさん、最近いい感じでうらやましい。もしかして私、岡焼きしてる？

**「徒《あだ》の悋《りん》気《き》」** 自分とは何の関係もない他人の恋を妬んでやきもちをやく。「徒」は無駄、「悋気」は男女間の嫉妬、やきもちの意。

**◆「ジェラシー（嫉妬）」の視線を言葉にすると？**

**「嫉《しっ》視《し》」** うらやみ、妬み、憎む気持ちで人を見る。

(例)「私の方がキレイなのに、なぜあの人ばかりモテるの？」これこそが嫉視です。日常的によく起こる感情ですが、エスカレートすると憎悪が膨らんで危険。

**◆ジェラシーを感じる自分を認めたくない気持ちは**

**「沽《こ》券《けん》に関わる」** 自分の面目、品位にさしさわりがある。

嫉妬する自分を嫌う。これも多くの人が抱きやすい感情です。「沽券」とは、土地や家屋などの売り渡し証文のこと。それがやがて「人の値打ち」や「品位」などの意味でも使われるようになったといいます。人の値打ちが下がることは**「沽券が下がる」**です。

(例) あの程度の女に嫉妬するなんて、私の沽券に関わるわ。

他に、

**「プライドに関わる」**

**「面子が立たない」**

**「面目丸つぶれ」**

◆「うらやましい」と「ねたましい」の違いとは？

「うらやましい」は「うらやむ（羨む）」から派生した言葉で、すぐれた相手に対する憧れの気持ちです。

㋲彼女の美貌はうらやましいかぎりだ。

㋲東大に現役合格とはうらやましい。

これらの羨望の気持ちに「なぜあの人ばっかり、ずるい」などとやっかむ気持ち（妬み・嫉み）が加わると「ねたましい」になります。

ちなみに**「羨望」**は人をうらやましく思うこと、**「羨慕《せんぼ》」**は人のものをうらやみ、慕うこと。

# 嫌い

「イヤなものなイヤ」、「嫌いなヤツはとにかく嫌い」そんな心情になることは誰でもあるでしょう。代表的なネガティブな感情ですが、うまく言えれば気持ちが軽くなります。

◆「好きじゃない」ことをいちばんストレートに言うと

**「不好《ぶす》き」** 「好き」の反対が「不好き」。「好き不好き（好き嫌い）」という言葉もあります。一般的にはあまり使いませんが、単に「嫌い」というよりソフトな印象かもしれません。

◆とにかく「大っ嫌い！」な相手に思うことは

**「いけ好かない」** なんか、気に食わない、ひどく感じが悪い。「いけ」：相手への憎悪や苛立《いらだ》ちを強める接頭語。他に「いけしゃあしゃあ」「いけ図々しい」など（100ページ参照）。「いけ」を使うと「どこがどうというわけではないけど嫌い」という漠然としつつもはっきりした嫌悪感や、単に強調して「すごく嫌」という気持ちも表現できます。

㊭ 見えすいた美辞麗句を並べる、いけ好かない男だった。

**「いけ好かん」** は、「いけ好かない」をさらに略した言い回しです。

嫌いでたまらない本音をあらわす他の言葉も、ざっと挙げてみましょう。

**「鼻持ちならない」**
**「虫が好かない」**
**「かわいくない」**
**「目障り」**
**「虫唾《むしず》が走る」**
**「(生理的に)ムリ」**

……これはもう気持ちをため込まずに言ったもの勝ち!?

◆「嫌悪」だけじゃない。「すごく嫌い」を表す二文字

**「嫌忌《けんき》」** 忌み嫌う。ひどく嫌う。

**「厭悪《えんお》」** ひどく嫌って憎む。

**「唾棄《だき》」** つばを吐きすてるくらい軽蔑して激しく嫌う。

◆嫌いだけど表には出せずにいる心境は

**「敬《けい》して遠ざける」＝敬遠** うわべは尊敬しているように見せかけていても、本音は「嫌い」で、自分からは近づいたり親しくしようとはしない。社会生活を営む上では避けて通れない感情かもしれません。

㊥ あの部長は酒を飲むと説教ばかりするから、敬して遠ざけるのが無難だ。

◆「品がなくて嫌」という気持ちを一言で

「あの人、なんか、がつがつして品がないな……」と思ったときに浮かぶ言葉あれこれ。

**「あさましい」** ㊥ 割引やデパ地下の試食にやたらとくわしいあさましい男。

**「いやしい」**

**「みみっちい」**

**「せこい」**

……あなたの身近に、そんな人いませんか？

◆「嫌い」な気持ちは「軽蔑」とつながっています

**「軽蔑」** 相手を劣ったものとしてばかにする。

**「軽侮《けいぶ》」** 人を軽く見てばかにする。

**「蔑視」** 相手を見下げてばかにする。

**「冷笑」** ばかにしてあざけり笑う。

**「嘲笑」** あざけり笑い、からかう。

**「自嘲」** 自分で自分をあざける（**「嘲《あざけ》る」**は人をばかにして悪く言ったり笑ったりすること）。

◆上から目線のいやらしい感情をシンプルな言葉で伝える

「アイツなんて大したことないや……」そんな気持ちを表す言葉を並べてみましょう。

**「見下す」**

㊎ 人を見下したような態度をとる。

**「見下げる」**（高い所から下を見るときは「見下ろす」）

**「見くびる」** 例 見下げた口のきき方をする。
甘く見る。軽視する。
例 下手に出ているからと見くびってもらっては困ります。

**「蔑《さげす》む」** 見下してばかにする。
例 前言を翻した上司を、彼は蔑むような目で見ていた。

**「貶《おとし》める」** 意図的に低い評価をする。
例 年下の女性課長を脅威に感じた次長は、彼女を貶めるような発言をくり返している。

こんなふうにばかにしたりされたりして、人間関係に亀裂が生じるわけですね。

◆「ずるい人」を他の言葉で表現

「ずる賢い人」や「ひきょう者」も嫌われ者の代名詞。本音と建前を使い分ける人への苦々しい気持ちをたった一言で。

**「あざとい」** 図々しく抜け目がない。

**「ずる賢い」**

**「悪賢い」**

**「小賢《こざか》しい」**　悪賢く、抜け目がない。利口ぶっている。

**「腹黒い」**

**「こすっからい」**　悪賢く、ずるくてけちけちしている。

**◆次は、二文字で伝えるズルさ**
**「姑息《こそく》」**　一時しのぎで、その場を間に合わせる。ひきょうな意味としてよく使われます。

**「卑怯《ひきょう》」**　正々堂々と立ち向かわず、臆病で卑《いや》しくてずるい。

**「卑劣《ひれつ》」**　性質や行いが卑しくて下劣。

**◆「この人とは相性的に無理かも」という気持ち**
ずばり「嫌い」ではないけど、「なんか付き合いにくい」「一緒にいるとなんか疲れる」ということ、ありませんか？

**「馬が合わない」**　好みや考え方の違いから、うまく付き合えない。

**「ソリが合わない」**　気心が合わない。

**「ノリが違う」**

**「波長が合わない」**

**「折り合いが悪い」**

**「肩がこる」**

**「(一緒にいると) 息が詰まる」**

……など、体の感覚で表す言葉も含め、いろいろな表現があります。

# 気まずい

不快感をどうにもできない嫌な感じ。

◆会いたくない人と鉢合わせしたり、盛り上がらない宴会などで思うこと

**「どうにも気まずい」**

**「ばつが悪い」**

**「決まりが悪い」**

**「いたたまれない」**

**「逃げ出したい気分」**

**「空気が重い」**

**「肩身が狭い」**

◆宴会でハズレの席になってしまったときの心境は

**「尻こそばゆい」** 一般にあまり使われていませんが、ピタリの言葉。場違いで居心地が悪く、落ち着いて座っていられないもじもじ感、気恥ずかしさを表します。たとえば、職場の飲み会で、苦手な上司や犬猿の仲の同僚の真正面や横に座る羽目になったとしたら？ 互いに目を合わせたときの気持ちは「なんとも尻こそばゆい」でしょう。

**◆その場をどうしても離れられないときの「退屈」な気持ちは**

**「間が持たない」** 時間をもて余し、どうしていいかわからない。

**「手持ち無沙汰」** することがなくてヒマ。間が持たない。自分はもう帰れるのに、周囲の状況で退社しづらいときはこの気分でしょう。

**「座が持たない」** 話題がなくなり、気まずくなる。沈黙を恐れてつまらない話題で乗り切ろうとすると、いっそう気まずくなるばかりです。

# 後ろめたい

「なんか、悪いことしてしまったな」と、良心がずきんと痛むような気持ち。

◆「後ろめたい」を別の言葉で表現してみましょう

**「気がとがめる」**

**「やましい気持ち」**

**「心やましい（心疾しい）」**　良心がとがめる。うしろめたい気持ち。

**「心の鬼が身を責める」**　良心がとがめることのたとえ。心の鬼＝良心。

**「内心いけないと分かっている」**

**「負い目を感じる」**

**「罪悪感を覚える」**

**「罪の意識にさいなまれる」**

◆「後ろめたい気持ち」と「後ろ暗い気持ち」の違いとは？

**「後ろめたい」** 「悪いことをしてしまったな」と良心に恥じる気持ちから、相手に対して何となく気がとがめる。

㋐ 嘘をついて飲み会の誘いを断り、後ろめたい気持ちだ。

**「後ろ暗い」** 他人からとがめられるような不都合なことがあったり、そのように感じている。また、他者が過去に悪行を働いたことをほのめかすときにも用います。

㋐ なんとなく冷ややかな視線を感じるけど、私はうしろ暗いことは何もしていない。

㋐ 彼には後ろ暗い過去がありそうだ。

◆人の道にそむいた罪深さをズバリ表す三文字

**「背徳感《はいとくかん》」** まさに、後ろめたい気持ち。彼氏に内緒で合コンに出たり、同性の親友が憧れている異性とデートするときなどに起こる「ちょっと悪いなぁ」という感情が「背徳感」です。

# 不愉快だ

「あの態度はまったくけしからん！」とむかむかしている感じ。

◆理不尽な対応や相手の無礼さを叱る言葉

「これはもう、ひとこと言わなきゃ気が済まない」というとき、捨てゼリフにもってこいの言葉をご紹介。

・使える二文字「千万」（はなはだ、まったく）で不快さを表す

**「不愉快千万《せんばん》」**　はなはだ不愉快。

**「不届き千万」**

**「不届き至極《しごく》」**

このうえなく不届き（配慮や注意が足りない）。むしゃくしゃしたら**「不届き者～！」**と叫ぶ方法もあります。

**「不埒《ふらち》千万」**　非常に無礼。

要は、すべて「けしからん！」という気持ちです。

• 不快感を発散するなら、少々過激な言葉を使って吠える！

**「胸糞《むなくそ》悪い」**

**「反吐《へど》が出る」**

**「厭《いと》わしい」** 嫌だ、不快だ。

**「心証《しんしょう》が悪い」** **「心象が悪い」**とも。相手の態度に不快な印象を持ったときの気持ち。「心証」は人が人を見て心に受ける印象。「心象」は心の中に浮かぶ姿や形。

**「悪印象」**

# 図々しい

恥知らずで、無遠慮なことも平気でする人に抱く感情。

◆「いけ」の効果でぐっと際立つ

**「いけ図々しい」**

㊜あの人のいけ図々しさ、いったいどんな育ち方したんだろうね。

**「いけしゃあしゃあ」**

どちらの言葉も、腹が立つほど図々しい、憎らしいほど厚かましいという意味。

「しゃあしゃあ」：図々しさ、厚かましさを意味する俗語。

「いけ」は前に触れた通り、憎悪の念や苛立ちを強める接頭語で、憎らしいほど平然とした相手をののしるときに効果的な表現です。

㊜あんなに叱られたのに、いけしゃあしゃあと言い訳してるよ。

**◆「しゃあしゃあと言ってのける」と「ぬけぬけと言ってのける」の違いとは？**

「しゃあしゃあと」と「ぬけぬけと」は、普通なら恥ずかしくてできないことを平気でする無神経さを責める気持ちですが、語源を探るとちょっとした違いがあります。

**「しゃあしゃあ」** 前に触れた通り、愛想がなくツンとして厚かましいさま。

**「ぬけぬけ」** 本来は「人に騙《だま》される愚かさ」の形容だったのが、のちにしゃあしゃあに通じる意味になった。

そこで、いかにも図々しい人には「しゃあしゃあ」、図々しい奴でもちょっと間抜けさが感じられるなら「ぬけぬけ」がぴったりきます。基本はどちらを使ってもかまいませんが。

**◆無神経さを表す「〇〇しい」の表現を比較してみる**

「図々しい」、「厚かましい」、「ふてぶてしい」。この三つの表現は「人の迷惑を顧みず、身勝手かつ無遠慮にふるまう」という意味は同じ。

ただし、違う点もあります。

**「図々しい」** 厚かましいと比べ、ややくだけた言い方。

**「厚かましい」** 「まことに厚かましいお願いですが」「お言葉に甘えて厚かましく〇〇さ

せていただきました」のように、自分のことを改まって言うときにも適しています。

**「ふてぶてしい」**　無遠慮さが大胆で、怖いものなど何もないというイメージ。四字熟語で言えば**「大胆不敵」**。

㊎ 憎らしいほどふてぶてしい女。

㊎ 人を食ったようなふてぶてしい態度。

このような図々しい人々の毒気にあたらないように気をつけましょう。

**◆胸のつかえがす～っと抜ける。「面の皮」を用いた図々しさの表現**

図々しい人は面の皮の厚みが違うというわけで、関連の言葉をご紹介しましょう。

**「厚皮《あつかわ》」**

**「鉄面皮《てつめんぴ》」**　鉄でできた面の皮。それくらい恥知らずで厚かましい。

**「野面皮《のめんぴ》」**

**「厚顔無恥《こうがんむち》」**　「厚顔（面の皮が厚い）」と「無恥（恥知らず）」を合わせた強い言葉。「厚顔無知」は誤用なので注意。

**「面の皮が厚い」**

**「どの面下げて〜」**

**「面張牛皮《めんちょうぎゅうひ》」** すごく厚かましく面の皮が厚い。顔面に牛の皮を張っているようなイメージ。人の思惑などどうでもいい輩。

◆**図々しい人を表す言葉、他にもたくさんあります**

まだまだ言い足りないあなた。図々しい人の顔を思い浮かべながら、「あの人○○だからね〜」と連発してみては？ 「○○」に次の言葉を当てはめて言ってみましょう。

**「出しゃばり」「分《ぶん》をわきまえない」「身の程知らず」「図太《ずぶと》い」「野太い」「野放図《のほうず》」**

**「傍若無人」「心臓に毛が生えている」「恥知らず」「恥を恥とも思わない」「我が物顔」**

**「空気読めない」「無遠慮」「えげつない」「面汚《つらよご》し」「無神経」「臆面もなく」**

……次々言葉が出てくるのは、図々しい人がこの世には多い証拠!?

**「おめおめと」** 恥ずべきことと知りながら平然としている。

㊥ 借金を踏み倒しておいて、よくもまあ、おめおめと来られたもんだ！

◆図々しい人は嘘がバレたときどうするか？

**「しれっとしている」**　何があろうとけろっとしていること。機会があれば使ってみましょう。

㋫なんだよ、あいつのあのしれっとした態度は！

◆でも、物は考えよう。「図々しい人」をポジティブに表現するコツもあります

**「（あの人）度胸あるね」**

**「素直な人だね」**

**「純粋でまっすぐな人」**

**「自由すぎる人だからね」**

㋫自由すぎる彼女に疲れ果てました。

以上、人前でずばり「図々しい人」とは言いにくいときに重宝する言葉です。

# 生意気だ

図々しい人とも共通点が多い生意気な人。「まったくエラそうに」とイラだつ気持ちを表現。

◆生意気な人へのイラだちを「小」の字で強調する

**「小面《こづら》憎い」** 顔を見るだけで嫌になるほど小生意気で憎らしい。

**「小生意気」**

**「小癪《こしゃく》」** どことなく憎らしい。癇にさわる感じ。

たった一文字の言葉のスパイス、読んで、言って、書いて、味わってみてください。

◆言い足りない人へ、小生意気な相手を表現した言葉を列挙します

**「しゃらくさい！」** しゃれたマネして小生意気だ。

**「ちょこざい（猪口才）」** 利口ぶって生意気。小賢しい。「ちょこ」は「ちょこまか」とした小さな動作を表し、「猪口」の漢字は「へなちょこ」を「へな猪口」と書くのと

同じ当て字。「才」は才能。つまり「ちょっとした才能」が転じて「利口ぶって生意気」という意味になったのです。

**「小賢《こざか》しい」**　利口ぶって差し出がましい（でしゃばり）。生意気。

**「かさ高（嵩高）」**　人を見下したように高圧的で横柄。

㊄若造が、かさ高な口のきき方をするな。

**「不躾《ぶしつけ》」**　無作法、無礼、失礼。

**「人を食ったような」**

**「おこがましい」**　身の程をわきまえない。分を知らない。他に、自分から「おこがましいお願いですが」のような使い方もできます。

**「慇懃《いんぎん》無礼《ぶれい》」**　ていねいすぎてかえって無礼。外に表す態度は礼儀正しいのに、心の中では相手をばかにしている感じが見え見え。

**「尻目《しりめ》に懸《か》ける」**　人を見下し横目で見るような感じ。尻目：目玉だけ動かして横や後ろを見るという意味。

## ちゃっかり

自分の利益のために抜け目なくふるまうちゃっかり屋さん。「よくもまあ……」。

◆ちゃっかりした人に出し抜かれたとき、人はこんな気持ちに

**「小器用だね」**
**「うまく立ち回ったな」**
**「現金な人だ」**
**「打算がすぎるな」**
**「裏表があって好きになれない」**
**「虫のいい奴だ」**
**「権力の犬だな」**

◆「ちゃっかり」も表現を変えれば印象が変わる

**「立ち回りがうまい」**

**「世渡り上手」**

**「そつがない」**

**「ぬかりない」**

**「抜け目ない」**

**「小利口」**　少し目先が利いて賢そう。

ということになります。

角度を変えて見れば一転、「けっこうイケてる人」になる可能性もあるかもしれません。

## 迷惑だ

「とんだとばっちり」など、誰かの困った行為のおかげで不快感を募らせる感じ。

◆世話を焼かれて「かえって迷惑」と感じたときの心を表現した言葉

**「大きなお世話」（小さな親切大きなお世話）**

**「ありがた迷惑」**

**「悪女の深情け」** ありがた迷惑のたとえ。

**「余計なちょっかい」**

**「余計なおせっかい」**

**「無用の親切」**

**「無用の口出し」**

**「土足で踏み込むようなマネ」**

**「いらぬ手出し」**

**「いらぬお世話の蒲焼《かばやき》」**　「世話を焼く」に「蒲焼き」をかけてしゃれた言葉。

**「いらぬお世話の焼き豆腐」**

**「左平次《さへいじ》」「左平治」「左平二」**とも書く。でしゃばっていらぬ世話を焼くこと。また、その人。元は操《あやつ》り浄瑠璃の隠語。

**「礼も過ぎれば無礼になる」**　何度も何度もお礼に行ったら（来られたら）かえって迷惑。

◆非常に迷惑なときの心を表現した言葉

**「迷惑千万」**　非常に迷惑。すごく困る。

**「迷惑至極」**　非常に迷惑。すごく困る。

◆自分が迷惑をかけた相手に会いづらくなっている気持ちは

**「敷居が高い」**　物を借りたままずっと返せずに時間が経過し、顔を合わせづらくなっているような心境にぴったり。「自分にはレベルが高い」という意味で使うのは誤用です。

## 危なっかしい・軽々しい

相手の言動が軽率で「おいおい、大丈夫か」「ちょっと待て」と言いたくなる気持ち。

◆その軽はずみな言動を一言でチクっと表すと

**「そそっかしい」**

**「向こう見ず」** 先のことを考えずに行動する。

**「上っ調子」**

**「薄っぺら」「軽薄」** 慎重さがなくて浮ついている。

◆困った軽さを四字熟語で表現する

**「軽挙妄動《けいきょもうどう》」** 軽はずみに何も考えずに行動する。

**「軽佻《けいちょう》浮《ふ》薄《はく》」** 浮ついていて、よく考えずに行動する。「軽佻」は落ち着きがなく調子に乗って動くこと。「浮薄」は浅はかで軽はずみなこと。

# ありえない！

「それは変。ナンセンス！」と思うような出来事に遭遇したときの驚きと腹立たしさ。

◆「それは絶対あり得ない」という心境は

**「論外」「問題外」「お話にならない」「万に一つもない」**

**「もってのほか」** とんでもないこと。けしからんこと。

**「あるまじき」** あってはならない。

**「むちゃくちゃだ（無茶苦茶だ）」** まったく筋道が通らない。

**「荒唐無稽《こうとうむけい》」** でたらめで根拠がない。

**「馬鹿馬鹿しい」**

**「小豆《あずき》の豆腐（小豆豆腐とも）」**

豆腐は大豆で作るもので、小豆では作れないことから、「あり得ない」ことのたとえ。

同じ意味で **「氷の天ぷら」** という言葉もあります。

# 共感できない

「うーむ、何かが違う。どうも納得いかない」というもやもやした気分。

◆相手の意見に賛同できないとき、認められないときの一言

**「合点《がてん》がいかない」「のみ込めない」**

**「割り切れない」「ちょっと受け容れられない」**

**「疑問が残る」「よしとしない」**

**「いただけない」**

**「感心しない」**

**「いかがなものか」** 日本人特有のよく使うあいまい表現の一つ。

**「釈然としない」** 疑念や疑いが晴れず、すっきりしない。

**「腑《ふ》に落ちない」**

**「不本意だ」**

◆○ではなくて△なときの心情を表す言葉

断定しきれない気持ちを表すときに便利な言葉が「あながち（強ち）」。本来は強引さや身勝手さを表す言葉でしたが、

**「あながち、間違いではありませんが」**

**「あながち、外れていませんが」**

のように下に打ち消す言葉を伴うことで、正解ではないけれどそれに近い、つまり、

**「当たらずとも遠からず」**

**「さほど的外れでもない」**

といった意味合いになります。他に、

**「必ずしも～とは言えない」**

**「一概に～とは言えない」**

なども同様の意味になります。このように、○とも×とも言えないときや、ズバリ×とは言いづらいときなど、打ち消す言葉を用いれば微妙な気持ちが伝わりやすくなります。

# 許せない！

「共感できない」を超えて、「まったく許せない」「どうしたって認めたくない」という心境になったときの胸の内。

◆「許せない」気持ちをピシャリ伝える言葉

**「言語道断《ごんごどうだん》」** とても言葉では言い表せないほどひどいこと。

**「もってのほか」** けしからんこと。

**「とんでもない！」**

**「聞き捨てならない」** 黙って聞き流すわけにはいかない。

**「黙っちゃいられない」**

**「見過ごすわけにはいかない」**

**「看過できない」**

**「勘弁ならない」**

**「潔《いさぎよ》しとしない」** 自分のプライドや良心が許さない。

# 3章

# 幸せ、不幸せ、感謝、不安

etc.

心配…「気で気を病む」から「白髪三千丈」まで

生き恥と死に恥、どっちが恥ずかしい？

「青天の霹靂」は昇進、左遷どちらに使う？

「心痛」と「痛心」の意味の違いは？

「他人の疝気を頭痛に病む」とは？

懐古と回顧、どう使い分ける？

「心悲しい」はどう読む？

破廉恥の「廉恥」って何のこと？

「やっとひと心地ついた」…人心地？一心地？

## 幸せ・満足

心が満ち足りているときにわっとあふれ出すのが「しあわせ」な気分。

◆幸せで喜ばしい心境を二文字で伝える

**「欣幸《きんこう》」** 幸せと感じて喜ぶ。

**「会心」** 望み通りになり、心から満足する。

◆幸せ感は、やはり笑顔に表れる

**「顔がほころぶ」**

**「白い歯を見せる」**

**「破顔一笑《はがんいっしょう》する」** 顔をほころばせてにっこり笑う。幸せな気分で、顔がふっとゆるむ感じです。

㊀うれしい知らせに破顔一笑する。

**「満面の笑顔」**
**「あふれんばかりの笑顔」**
**「こぼれんばかりの笑み」**
**「えびす顔になる」**

◆見るだけで幸福感があふれ出す四字熟語

**「心《しん》満《まん》意《い》足《そく》」** 非常に満足して満ち足りた気分。「心満」も「意足」も心が満ち足りるという意味で、満足がぎっしり詰まった言葉です。

**「富《ふう》貴《き》福《ふく》沢《たく》」** 財産や地位があってとても幸福。「富貴」は財に恵まれ身分が高いこと、「福沢」は幸せと恵みのこと。(例) 彼女は富貴福沢な育ち方をした。

**「無《む》妄《ぼう》之《の》福《ふく》」** 降ってわいたような、思いがけない幸運。「無妄」は予期せぬことが突然起こるという意味。「無」は「毋」とも書きます。(例) 無妄之福に心を躍らせる。

**「福《ふく》徳《とく》円《えん》満《まん》」** 幸福や財産に恵まれ、満ち足りている。

**「円《えん》満《まん》具《ぐ》足《そく》」** 十分に満ち足りて、少しも不足がない。
(例) 結婚も決まり昇進も控え、彼女は円満具足な顔つきをしている。

## 感謝する

心から「ありがたい」と思う気持ちは、幸せな気分ともつながっています。

◆とびきりの二文字で「ありがとう」の気持ちを伝える

**「深謝」** 深く感謝する。

**「多謝《たしゃ》」** 心から感謝する。心から詫《わ》びるという意味もあります。

**「万謝《ばんしゃ》」** 厚く感謝する。深く詫びるという意味もあります。

**「感恩《かんおん》」** 受けた恩をありがたく思う。

**「報謝《ほうしゃ》」** 恩に報いて感謝する（**「感恩報謝」**は恩を感じた人に最高の礼をもって報いること。相手に最高の礼が伝わらないと真の感謝にはならないという意味の深い言葉）。

**「鳴謝《めいしゃ》」** 心から感謝する。厚く礼の気持ちを伝える。

**「幸甚《こうじん》」** 非常にありがたいと感じる。

**「拝謝《はいしゃ》」** つつしんで礼を言い、感謝の気持ちを表す。

# 親切心・優しさ

人のために尽くそう、何か自分ができることをして役立ちたいという思いやりの気持ち。

◆親切心を表す言葉はどっち?
・二通りの「こうい」
**「厚意」**は思いやりのある心。
**「好意」**は好感や親しみの思い。
・二通りの「こうじょう」
**「厚情」**は温かい思いやりのある気持ち。
**「交情」**は相手に対する親しみの気持ち。
「厚情」の改まった言い方は**「芳情《ほうじょう》」**です。
㊙ご厚情に心より感謝いたします。
㊙ご芳情に厚く御礼申し上げます。

親切心を文字に表すときは「厚意」「厚情」「芳情」を記すようにしましょう。

◆慈愛に満ちたやさしい顔を表す言葉

**「恩顔《おんがん》」** 恩を施すような顔つき。

**「慈眼《じがん》」** 「じげん」とも。慈《いつく》しみのこもった目。

◆「どうか気にしないでください」と気遣う言葉

ビジネス上のメールや電話で相手を気遣う言葉としてよく使われるのが、

**「ご放念ください」**

**「どうぞご放念ください」**

「放念」は気にかけないこと、心配しないことで、「どうかその件はお気になさらずに」「気にせず忘れてくださいね」といった意味合いになります。**「ご放念いただけますでしょうか」**のように言うとより丁寧で親切な印象になります。

## 恥ずかしい

赤面したり冷や汗が出るような失敗や出来事があり、人前に出るのがためらわれるような照れくさい気持ち。

◆なんとなく、ちょっと恥ずかしい気持ちは

**「気恥ずかしい」**
**「空《そら》恥ずかしい」**

◆消えたいほどめちゃくちゃ恥ずかしい「大恥、赤恥」のときは

**「穴があったら入りたい」**
**「顔から火が出そう」**
**「耳たぶまで赤くなる」**
**「顔向けできない」**

**◆それは、どっちの恥?**

•「生き恥をさらす」か「死に恥をさらす」か?

**「生き恥」** なまじ生きながらえているために受ける恥。

**「死に恥」** 死んだあとまで残る恥。

(例) 祖父の遺品を整理していたら、偏った性癖のＤＶＤを発見。こんなかたちで死に恥をさらすとは……!

•「廉恥」か「破廉恥」か?

**「廉恥《れんち》」** 心が清らかで恥を知る気持ちがあること。(例) 廉恥心を忘れてはいけない。

**「破廉恥《はれんち》」** 恥を恥とも思わず平気でいる、恥知らず。(例) 破廉恥なふるまい。

つまり、心がきれいで恥を知る心を持っていれば廉恥、逆は破廉恥です。

**◆**「うれし恥ずかしい」**気持ちを別の言葉で言うと**

**「こそばゆい」** ほめられるなどして照れくさい感じ。

**「尻こそばゆい」** 照れくさくて気まずくて、落ち着いて座っていられない(95ページ参照)。

**「くすぐったい(気持ち)」**

**「面映《おもは》ゆい」** 顔を上げるのもはばかられるほど照れくさくて気まずい。人と顔を合わせるとまばゆく感じられることから。

㊐ 面映ゆい気持ちで賞を受け取った。

◆恥じらうほどの美しさなら

**「花恥ずかしい」** 花も恥じらうほどういういしくて美しい。

◆国の面目にかかわるような恥は

**「国辱《こくじょく》」** 国として、または国民として恥ずかしいと思うこと。

㊐ あの大臣の発言は、国辱ものだ。

# 驚き

「まさか」と思うような予期せぬ出来事にびっくり！
「驚き」は突如として表れる一時的な感情で、急に心が揺れて落ち着きを失います。

◆驚いたその瞬間、のみ込むものは？

**「息をのむ（呑む）」**

**「声をのむ」**

◆すごく驚いたときはこの四文字がぴったり

**「吃驚仰天《きっきょうぎょうてん》」**「びっくりぎょうてん」とも読みます。「吃驚：思いがけないことに驚く」も「仰天：天を仰ぐほど驚く」も「びっくりする」意味なので、驚きの感情の二乗で伝える力が強化されます。

「吃驚仰天」ほど驚けば、その流れで**「のけぞる」「息の根が止まる」「腰が抜ける」「心臓が飛び出しそうになる」**など体のびっくり反応の連鎖が起こります。

◆いろんな驚きを二文字で伝える

意外な知らせに非常に驚くのは「愕然《がくぜん》」
半端でないすごい驚きは「驚愕《きょうがく》」
恐れも加わって震え上がるほど驚くのは「震撼《しんかん》」
予想外のいい結果に驚いたら「望外《ぼうがい》」
素晴らしい出来事に驚き、感心したら「驚嘆《きょうたん》」

◆「青天《せいてん》の霹靂《へきれき》」はいつどんなふうに使う?

「青天の霹靂」は、青く晴れ渡った空に雷鳴がとどろくように、急に予期せぬ出来事が起こる衝撃のたとえ。「まさか、急にこんなことが!?」と、驚きのレベルが普通ではないときが、この言葉の出番。ではその使い方は?

その1 例 成果を出していたのに左遷とは、まさに青天の霹靂だった。(うれしくない驚き)
その2 例 支店長に抜擢されたのは、まさに青天の霹靂だった。(うれしい驚き)

どちらも正解です。悪いときの出番が多い印象もありますが、実際はポジティブにもネガティブにも使えます。

「青天」は「青空」の意で、「晴天」と書くのは間違い。誤用に注意しましょう。「霹靂（意味は雷鳴）」の漢字は難解な印象だし、書く機会もあまりないので、この機会に練習してみては？　さっと書けるようになれば拍手です。類義語に**「寝耳に水」**、**「藪《やぶ》から棒」**、**「足下《あしもと》から鳥が立つ」**などがあります。

◆驚きを表す目の七変化

「目」の字を使った驚きの言葉だけ集めてもいろいろあります。

**「目が点！」**

**「目を疑う（わが目を疑う）」**

**「目が（目の玉が）飛び出る」**

**「目を白黒させる」**

**「目がでんぐり返る」「目の玉が裏返る」**

**「目を皿のようにして驚く」**

**「目が丸くなる」「目を見張る」「目を見開く」「目をぱちくりさせる」**

……あなたの目は、驚いたときどんなふうに変わりますか？

# 呆《あき》れる

予想もしなかった出来事に驚き、口をあんぐり……。一瞬、何もできなくなるほどの衝撃。

◆呆れた気持ちは「口」を使うと伝わりやすい

**「開いた口がふさがらない」**

**「二の句が継げない」** 呆れて次に言う言葉が出てこない。

**「呆れてものも言えない」「返す言葉もない」**

**「絶句する」**

**「フリーズする」**

◆呆れ果ててへなへなしたときの気持ち

**「茫然自失《ぼうぜんじしつ》」** 呆気にとられたり呆れ果てたりして我を忘れる。

㊎ 突然の大事件に茫然自失する。

## 裏切られた・理不尽だ

信じていた相手に背かれた……！　ショックを受けたときに駆け巡る思い。

◆味方に裏切られたときの「まさか」な気分は

**「飼い犬に手を噛まれた」**

可愛がっていた人物に裏切られたときは、やっぱりこの言葉です。

**「寝首をかかれる」**　眠っているところを襲って首を切り取るという意味から、油断した隙に裏切り行為をされること。

**「背後から切られる」**

**「恩をあだで返される」**

**「足をすくわれる」**　ひきょうなやり方で隙をつかれたときは、この感じでしょう。

**「後ろ足で砂をかける」**　裏切り行為に加え、去り際にさらに迷惑をかける。

## 落ち込む・ヘコむ

気持ちが沈んで何もしたくない。そんなときの感情表現は、いくつもあります。さらに強調するコツも覚えてうまく伝えましょう。

◆一言加えて心のヘコみ具合を強調する

「しょげる」「沈む」「くじける」など定番の言葉に二言三言加えることで、その感情をより強く伝えられます。

・**「しょげる」より「しょげ返る」** ㊀ 大金をうっかり落としてしょげ返る。
・**「沈む」より「うち沈む」**
・**「くじける」より「くじけ折れる」**（**「心が折れる」**もよく使いますね）
・**「テンション下がる」より「テンションだだ下がり」**

◆「○ん○り」と「○っ○り」で凹んだ気分を伝える

物の音や声などで表す「オノマトペ（擬声語・擬態語）」のうち、落ち込んだ気分にぴったりの表現をチェック。ここでは「ん」と「っ」を用いた４つの音をご紹介。

・「○ん○り」型で言う

**「げんなり」「しょんぼり」「しんみり」「どんより」**

・「○っ○り」型で言う

**「げっそり」「がっくり」「がっかり」**

シンプルな音で伝えると、気持ちがストレートに相手に届きます。

◆見た目にわかるしょんぼりな気持ち

**「肩を落とす」** 肩が垂れ下がるほど落胆する。

**「うなだれる」「うつむく」「首《こうべ》を垂れる」「じっと下を見る」「目を伏せる」「目をそらす」**

◆心が「しおれる」「なえる」感じにピタリのことわざは

**「青菜に塩」**

**「蛞蝓《なめくじ》に塩」**

「青菜」や「蛞蝓」の効果で、へなへなっとしおれた感じがイメージしやすい言葉です。

## 絶望

「望」みが「絶」たれると書いて絶望。落ち込みが度を越えてどん底まで沈み「もうダメだ……」と希望をまったく失ったときの真っ暗な心の叫び。

◆ショックで心がずたずた。絶望の淵を伝える言葉

**「打ちのめされる」** 激しく精神的な苦痛を受ける。

一言加え**「ひどく打ちのめされる」**などにすると、さらに衝撃の大きさが伝わります。

**「打ちひしがれる」** 気持ちがひどく傷つき、何もやる気がしない。

㊑ 絶望にうちひしがれる。

㊑ 敗北感に打ちひしがれる。

「感動に打ちひしがれる」など、ポジティブな場面で使うのは誤用です。

**「お先真っ暗」** 見通しが暗く、望みが絶たれて絶望する。

**「暗然とする」** 悲しみや絶望で心が塞《ふさ》ぎ、弱気になる。

㊑ 暗然として何も喉を通らなくなってしまった。

**「大腐《おおぐさ》り」**　ひどく失望し、落胆する。

**「失意のどん底」**　何もかもうまくいかず、やる気や希望をすっかり失う。

◆**とことん追い詰められたときの絶望感は**

**「四面楚歌《しめんそか》」**　周りは敵ばかりで味方ゼロ。もはや天に見放された気分。

**「孤立無援《こりつむえん》」**　ひとりぼっちで、助けてくれる人がいない。「四面楚歌」と同じ意味です。

**「万事休す」**　追い詰められて打つ手なし。万策尽きてもうおしまい。

◆「抜け」を使ってが**くっと落ちた気分を表現**

**「抜け殻になる」**

**「魂が抜ける」**

**「腑《ふ》抜けになる」**　目標や希望が失われ、すっかり元気をなくす。「腑抜け」は、ハラワタを抜き取られたように気力をなくした状態。

## ゆううつ

ずっと落ち込みっぱなしで心が晴れず、うつうつ……。外に出たり人に会うのもおっくうで、引きこもりがちなときの心情。

◆心の暗さがじっとり伝わる四文字

「槁《こう》木《ぼく》死《し》灰《かい》」　肉体は枯れ木のよう、心は冷めた灰のようで、生気がまったくない。

「灰《かい》心《しん》喪《そう》気《き》」　火が消えた灰のように勢いが失せ、元気なくしょげている。

㊄ 不合格の知らせに灰心喪気になり、引きこもりがちだ。

「陰《いん》陰《いん》滅《めつ》滅《めつ》」　生気がなく、すごく暗くて陰気。

「意《い》気《き》消《しょう》沈《ちん》」　元気をなくしてしょげかえる。

「青《あお》息《いき》吐《と》息《いき》」　弱り切った元気のないため息。

◆「鬱」のつく二文字で伝える「鬱、鬱、鬱」気分

「気《き》鬱《うつ》」　気が滅入ること。

**「沈鬱《ちんうつ》」** 気分が沈み、暗い気持ちになる。

**「暗鬱《あんうつ》」** 気持ちが暗くふさぎ込む。

**「陰鬱《いんうつ》」** 気が晴れず、陰気でうっとうしい感じ。

◆理由がある憂鬱感と、よくわからない憂鬱感がある

**「辛気臭《しんきくさ》い」** 思い通りに事が運ばずじれったく、気が滅入る。

㊎ 昨年から辛気臭いことばかりだったが、ようやく抜け出せそうだ。

**「物憂《ものう》い」** なんとなく気が滅入って、何をするのもおっくう。

◆「心が晴れない」感じがすぐ伝わる四つの音は

**「くさくさ」** ㊎ 梅雨時は気持ちもくさくさするね。

## 不幸せ

「なぜ私ばかりこんなひどい目に遭うの……？」これが幸せの反対にある不幸せ感。

◆不幸続きでもうヘトヘトなときの心情は

不運は連鎖的にやってくることを先人たちも知っていたのでしょう。不幸せを嘆く言葉、いろいろあります。

**「虎口《ここう》を逃れて竜穴《りゅうけつ》に入《い》る」**

虎に食われる危険から逃れたのも束の間、今度は竜の住む穴に入り込んでしまうという意味から、次々と災難に見舞われたり不運が重なることのたとえ。

以下、意味は同じです。

**「前門《ぜんもん》の虎《とら》、後門《こうもん》の狼《おおかみ》」**

**「弱り目に祟《たた》り目」**

**「一難去ってまた一難」**

**「踏んだり蹴ったり」**

**「泣き面に蜂」**

**「痛い上の針」**

◆ごくシンプルに不幸感を伝える「アン○○○○」

**「アンハッピー（不幸な）」**

**「アンラッキー（不運な）」**

◆アンハッピーな運命を嘆く

うまくいかないときは、こんなふうについ何かのせいにしたくなるかもしれません。


**「貧乏くじをひいた」**　貧乏くじとは、損な役回り、不利な運命のこと。

**「運が尽きた」**

**「ツキに見放された」**

## 哀れ・憐れむ

「かわいそうだな」と不憫《ふびん》に思ったり同情する気持ち。他者にかぎらず、自分をあわれむ気持ちも含まれます。

◆うそ偽りのない同情心は

**「惻隠《そくいん》の情」** 心から相手に同情し「かわいそうだな」とあわれむ気持ち。

◆あわれみの気持ちを二文字で伝える

**「憐憫《れんびん》」** かわいそうだと思ってあわれみ、情けをかける。

**「哀切《あいせつ》」** とてもあわれで物悲しい感じ。

**「哀憐《あいれん》」** 悲しんであわれみ、同情する。

**「悲哀」** 悲しくあわれ。

**「慈悲」** 相手を慈しむ情け深い心。

◆ひどくあわれむ気持ちを四字熟語で表す

**「笑止千万《しょうしせんばん》」**　「非常にこっけい」の他に **「たいそう気の毒だ」** という意味もあります。

◆「あわれ」と「みじめ」の違いとは？

**「あわれ（哀れ・憐れ）」**　かわいそうで気の毒に思う気持ち。もう一つ、しみじみと心の奥底に感じられる感動を意味する言葉でもあります。

**「みじめ（惨め）」**　「みじめ」は「見じ目（見まいとする目、つまり、見たくないこと）」で、悲惨であわれな姿に「あんなふうにはなりたくない」と目をそらしたくなるような気持ち。

「かわいそう」という気持ちは同じでも、「みじめ」は見た目から受ける印象になります。自分がみじめと感じたら、「なぜ私がこんな目に？」と強い劣等感、屈辱感を覚えます。

◆「みじめ」さを伝えるピタリな言葉

**「尾羽《おは》うち枯《か》らす」**

見るからにみじめで、元気なときの面影がすっかりなくなり、落ちぶれてみすぼらしい感じ。㊙ 事業に失敗し、すっかり尾羽うち枯らしたAさんを見かけた。

◆「かわいそう」か「気の毒」か？

**「かわいそう」** 弱い立場の人に抱くあわれみの気持ち。人にかぎらず、動物や植物など

さまざまな対象への慈悲の気持ちを表しますが、目上の人にはあまり使いません。

**「気の毒」** やはり他者に同情する気持ちで、「なぜ、あの人があんなひどい目に？」と、

その人が不当に不幸な目に遭ったと感じたとき、自然と「お気の毒さま」という言葉

が出てきます。こちらは目下でも目上でも使いますが、人間以外に使うのは誤用です。

㊀（病気でやせ衰えた犬を見て）「かわいそう」（〇）、「気の毒」（×）

㊀（連れ合いを亡くした恩人に対して）「かわいそう」（×）、「気の毒」（〇）

◆痛々しくてあわれな感じなら

**「イタい！」** 見ていて痛々しい→痛い→イタい。

他人の的外れな言動に対する恥ずかしい、情けない、気の毒、みっともない、ぶざま

（無様）などの気持ち。

㊀彼、空気が読めないイタい人みたい。

## 苦しい

「このひどい状態をどうすれば!?」…耐えられないほどのつらさから抜け出そうと崖っぷちで必死でもがく気持ち。

◆見るだけでつらくなる「苦」の字のつく言葉

**「苦悶《くもん》」** 苦しみから抜け出せずにもがく。

**「痛苦《つうく》」** 非常に苦しいこと。痛み苦しむこと。

**「労苦《ろうく》」** 心身ともに疲れて苦しいこと。

**「責苦《せめく》」** ひどく責められる苦しみ。

**「困苦《こんく》」** 困り苦しむこと。

**「憂苦《ゆうく》」** 非常に心配して苦しむ。

◆もがくほどの苦しみが詰まった四字熟語

**「阿鼻叫喚《あびきょうかん》」** 地獄の苦しみ。

**「四苦八苦」** 非常に苦しむ。

**「愛別離苦《あいべつりく》」** 親兄弟や夫婦など、愛する人と別れなければならない苦しみや悲しみ。

◆「苦心」しているときの心の感覚は

**「心を砕く」** どうしたらいいいか、あれこれ考えて苦しむ。

◆苦渋の決断をするときのつらすぎる気持ちは

**「断腸の思い」** ハラワタ（腸）がちぎれるほどつらく苦しい思い。

㊐ 断腸の思いで故郷を離れることにした。

㊐ 断腸の思いで、家族の思い出の品を手放した。

## 悩む

考えても策が見つからず、悶々《もんもん》として苦しくなってしまう胸の内。

◆「思案に○○」今の悩ましい気持ちはどっち?

二つの表現のニュアンスの違い、覚えておきましょう。

**「思案に余る」**　いくら考えても、よい考えが浮かばず、行き詰まってしまう。

㊟思案に余って上司に相談することになった。

**「思案に暮れる」**　なかなかよい考えが浮かばず、考え込んでしまう。

㊟ずっと思案に暮れていたけれど、いい考えが浮かんだ。

◆悩んでいる状態を二文字で表す

あれこれ思い悩むのは**「腐心《ふしん》」**

悩みもだえるのは**「懊悩《おうのう》」**

## 心配してあれこれ思い悩むのは**「苦慮《くりょ》」**

**◆悩みもだえる苦しみを四字熟語で表す**

**「艱難辛苦《かんなんしんく》」** 非常な困難で苦しみ悩む。「艱」と「難」はどちらも苦しみ悩むこと、「辛苦」はつらく苦しいこと。まさに、苦悩がたくさん詰まった言葉です。

**「一日九回《いちじつきゅうかい》」** ひどく心配して悩み苦しむ。「九」は「何度も」の意味。

**「積薪之嘆《せきしんのたん》」** あとから来た人が重宝されて先にいた人の立場が危うくなり、苦労する悩み。上に積まれた新しい薪《たきぎ》ばかりどんどん使われ、下の方の古い薪はいっこうに使われないという意味からきた言葉です。後輩の出世、定年後の再就職などで起こり得る嘆きの気持ちにピタリです！

㊖ 課長が若手の意見ばかり採用するものだから、積薪之嘆を抱く中堅やベテランのやる気が失われている。

**「焦心苦慮《しょうしんくりょ》」** いろいろなことを心配して考え、苦しむ。

**「煩悶懊悩《はんもんおうのう》」** 思い悩んで苦しみもだえる。「煩悶（苦しみ悩む）」と「懊悩（悩みもだえる）」という似た意味の熟語を重ね、苦悩の深さを強調しています。

## 悲しい

「気持ちが沈む」というネガティブな感情の中でもメジャーなのが「悲しみ（哀しみ）」。愛情や友情など何かを失って取り戻せないときのやるせない気持ちを言葉にすると？

◆少し悲しい、なんとなく悲しいという感情表現

**「もの悲しい」** 「もの（物）」は「なんとなく、なんとはなしに」の意味で、明確な理由がないときに使うと効果的。悲しみの表現の他に「物静か、物珍しい、物憂い」など。

**「心悲《うら》しい」**

◆では、「もの悲しい」と「うら悲しい」のニュアンスの違いは？

「もの悲しい」も「うら悲しい」も、「なんとなく寂しい」気持ちを表しますが、「うら」は表に出ない裏、つまり心の中の意味で、「うら悲しい（＝心悲しい）」という字を当てることができます。そこで、悲しさをどうしても払いのけられない場面では、心の状態に重きを置いて、「うら悲しい」を使うのがピタリでしょう。

◆「深い悲しみ」を「胸」と「悲」の字で表す

・「胸」の字を使った表現

悲しみの感情は胸を直撃し、痛みや苦しみをもたらします。

**「胸がつぶれるような思い」**

**「胸が（心が）張り裂ける思い」**

**「胸をえぐられるような悲しみ」**

**「悲しみが胸に迫る」**

**「悲しみが胸を貫く」**

**「（悲しみで）胸がふさがる」**

**「胸がつまる」**

・「悲」の字を使った表現

**「悲しみに打ちひしがれる」**

**「打ち沈むほどの悲しみ」**

**「悲しみのどん底に突き落とされる」**

**「心底悲しい」**

**「たとえようのない悲しさ」**

**「悲しすぎて笑っちゃう」**　……ということもあります。

**「悲しいときは身一つ」**　困ったり落ちぶれたりすると他人は寄り付かなくなり、頼りになるのは自分だけ。

◆胸の痛みを超える悲しみの言葉は

**「血涙《けつるい》を流す」**　深い悲しみや強い怒りから出る涙を「血涙」と表現。

◆大泣きするほどの悲しみの表現

「血涙」の他にも、「泣く」を表す二字熟語はいくつもあります。中でも深い悲しみで流す涙をあらわす表現を厳選。

**「慟哭《どうこく》」**　悲しみのあまり、声を上げて激しく泣く。

㊀ 身内の死の知らせに慟哭する。

**「号泣《ごうきゅう》」「大号泣」** 大声を上げて泣き叫ぶ。
**「哀哭《あいこく》」** 声を上げて哀しみ泣く。

◆「悲しみ」と「哀しみ」はどう使い分ける？

「悲しみ」は、広く一般的なかなしみの表現。「哀しみ」の「哀」には死者をかなしむ意味があり、より個人的で感傷的な気持ちを表すときに多く用いられています。

◆人の死を惜しむ「哀」のつく言葉

追悼する気持ちを表す言葉にも注目しましょう。

**「哀惜《あいせき》」** 人の死や失われた事物を惜しみ哀しむこと。
**「哀傷《あいしょう》」** 哀しんで心を痛めること。特に、人の死などを哀しみ悼むこと。
**「哀悼《あいとう》」** 人の死を哀しみ悼むこと。㊐ 哀悼の意を捧げる。

◆さまざまなレベルの「悲しみ」を二文字で伝える

・なんとなく悲しいレベル

**「哀感《あいかん》」** なんとなく悲しい。

**「哀愁《あいしゅう》」** なんとはなしに感じる物悲しさ。

・とても深い悲しみ

**「悲痛《ひつう》」** 悲しすぎて胸が痛い。耐えられないほど悲しい。

**「悲傷《ひしょう》」** 悲しみで心が傷つきひどく痛む。

**「悲愁《ひしゅう》」** 悲しみ深く沈む気持ち。

**「哀絶《あいぜつ》」** とても悲しい。

**「幽愁《ゆうしゅう》」** 深い悲しみや嘆き。物思いに沈む。

**「憂愁《ゆうしゅう》」** 深く嘆き悲しむ。

**「悲愴《ひそう》」** 悲しくて痛々しい。

**「痛嘆《つうたん》」** ひどく嘆き悲しむ。

・悲しみ＋αの感情

**「悲哀《ひあい》」** 悲しくて哀れ。

**「悲憤《ひふん》」** 悲しみ憤る。

**「哀切《あいせつ》」** ひどく哀れで物悲しい。

**「悲壮《ひそう》」** 悲しみの中にも勇ましさが感じられる（一字違いの「悲愴」と意味を取り違えないように注意）。

◆悲しみのリアクションで、気持ちを表現する

**「両膝《ひざ》に顔をうずめる」**

**「天を仰《あお》いでおいおい泣く」**

……など、独自の表現も工夫してみましょう。

## さびしい・わびしい

あるべきものが失われたり、心が通い合うものがなかったり、何とも満たされない気持ち。

◆なんとなく寂しいときは　やはり「うら」と「もの」が効果的

**「うら寂しい」**

**「もの寂しい」**

**「小寂しい」**

**「薄寂しい」**

**「秋《しゅう》思《し》」**　秋に感じるもの寂しさ。

◆微妙に違う表現。どっちを使う?

・「寂しい」と「淋しい」の使い分け方

意味は同じで、どちらの字を使ってもかまいませんが、少し違う点があります。

**「寂しい」** 常用漢字で使われているのはこちら。「静寂」などの物静かなさびしさ、つまり客観的なさびしさの表現にピタリ。

㊞休日の遊園地は静かすぎて寂しい。

**「淋しい」** さんずいがついているように、涙が出るほどさびしくて悲しい気持ちにピタリ。つまり、より主観的で情緒的なさびしさ。

㊞人の少ない正月の東京でワンルームに一人でいると、人恋しくて淋しい。

どちらも「さびしい」と「さみしい」両方の読み方ができますが、常用漢字表では「さびしい」のほうだけが記されています。

◆「寂しい」と「侘《わび》しい」の違いとは？

この二つの言葉、似ているようで、どこが違うのでしょう？

「侘しい」は、安らぎやうるおいがない心細さや孤独感、ひどく物静かな寂しさ、貧しさなどから感じる哀れさなどが含まれる言葉です。見た目に荒れ果てた住まいを見て哀れを感じたときは、「寂しい」より「侘しい」が的確でしょう。

◆一人ぼっちになった孤独な淋しさを「○○のような」で伝える

**「祭りのあとのような」**

**「ホームパーティの後片付けをたった一人でするような」**

**「心に（胸に）ぽっかり穴があいたような」**

**「火が消えたような」**……など、楽しいイベントが終わり、大騒ぎしたあとの虚脱感や孤独感は誰でも体験ずみでしょう。

◆頼る人がない淋しさを表す言葉

**「寄《よ》る辺《べ》ない」**　身を寄せるあてがなく、頼りにできる者もいない孤独感、不安感。

**「漂流感」**　意味は同じで、淋しさと孤立感。

◆孤独感の音のイメージは

**「ぽつん」「ぽつねん」「ぽつり」**

ぽつんは主にモノ、ぽつねんは主に人に対して使います。

## むなしい・はかない

努力しても徒労に終わったり、結果が残らなかったときのへなへなっと力が抜けるような空虚な気持ち。「空しい」と「虚しい」二通りの綴りがありますが、意味はほぼ同じです。

◆「なんか報われない」むなしさ、はかなさを言葉にすると

**「徒労感」** やったことが無駄になり、疲れただけ。
㊗ 入念に準備した企画がボツになり、徒労感に襲われる。

**「脱力感」** がっくりきて、体から力が抜ける感じ。

**「虚《きょ》無《む》感《かん》」** 心がからっぽで、うつろな感じ。

**「自己不全感」** まだまだやれるのに不完全で、満足できない感じ。

**「不完全燃焼」** 力が完全に出し切れず、思い通りの成果が出せない。

**「割を食った感じ」** 自分だけ損した気分。なぜ私ばかりが……!?

この通り、がっかりしたり、損した気分になったり、まだまだやり足りなかったり、いろいろな要因でむなしい気分はやってきます。

◆「からっぽの心」を二文字で表す

**「空虚」**　内容や価値がなく、からっぽでむなしい。

**「虚無《きょむ》」**　執着するものが何もなくむなしい。

**「虚脱」**　気力がなくなり、ぼんやりして何もしたくない。

**「無常」**　人の世がはかなくむなしく感じる。

◆二度と戻れないはかなさや喪失感を伝える

心にしみる二つの名言をご紹介。

**「覆水盆《ふくすいぼん》に返らず」**

一度起きてしまったことは二度と元に戻らない。取り返しがつかない。

**「落花枝《らっかえだ》に返らず、破鏡《はきょう》再び照らさず」**

一度損なわれたものや死んでしまった者は二度と元に戻らない。また、いったんこわれた男女の仲は二度と戻ることはないというたとえ。散った花は元の枝に戻ることはできないし、壊れた鏡は再びものを映すことはないという意味から。

## 切ない

悲しさ、淋しさ、恋しさなどで胸が締めつけられるような複雑な感情。

◆一言で「切ない気持ち」を表現すると

**「やりきれない」**

**「やるせない」** 心が晴れずすっきりしない。

㋎片思いのこのやるせない気持ちを、どう言えばわかってもらえるだろう？

**「気持ちの持って行き場がない」**

**「やり場のない気持ち」**

……など。「恋しさ」と「切なさ」は密接で、相手を好きすぎて切なく、苦しいということもあります。

◆「切ない」と「悲しい」の違いとは？

この二つの感情も、似ているようでやはり少し違います。

「ああ、切ないな」という気持ちは、文字通り、思いを断ち切れずにずるずる引きずり、淋しさや恋しさが心の中にうずまいている感覚です。他に、肉体的な苦痛、生活の苦しさなども表します。

一方の「悲しい」は、何かを失って心が痛み、泣きたくなるような気持ち。

つまり、胸が苦しくなるのが「切ない」、涙がこぼれそうになるのが「悲しい」です。

## 怖《こわ》い・恐《おそ》ろしい

嫌なことが起こったり、よくない結果が出そうで、考えると体がぞくっとするようなあの感じ。恐怖感は不安感とも密接な感情です。

◆内心なんとなく恐ろしいときは
**「空恐ろしい」「物恐ろしい」**

◆すごく恐ろしいときの気持ちは
**「物すさまじい（物凄まじい）」** 非常に恐ろしく、見る人をぞっとさせる。

◆「物すさまじさ」の表現をレベルごとにチェック
恐怖感は、足、背中、歯、心臓、肌、血など、全身で感じるものです。体のパーツを用いた表現も多彩です。

・かなりコワイときは

**「背中がぞくぞく」**または**「ぞわぞわっとする」**寒気、悪寒と恐怖は連動しています。

**「ぶるぶる（がたがた）震える」**

**「わななく」**恐怖や緊張で体が小刻みに震える。

**「ひざ（頭）がガクガク」「足がすくむ」**

**「歯の根が合わない」「歯がガチガチ鳴る」**

**「肌が粟立《あわだ》つ」**恐怖や不安で肌に粟のようにつぶつぶした鳥肌が立つ。

**「血の気が引く」**

**「身も縮む思い」**恐怖や緊張で体が丸まり小さくなったように感じる。

　←
・もっと怖いときは
**「身の毛もよだつ」**あまりの怖さに、毛が逆立つように感じる。

　←
・さらに怖いときは
**「総毛立つ」**全身の毛が逆立つ。

**「心臓が凍りつく」「血も凍るほどの恐怖」「血管が凍るほどの怖さ」**

最大レベルの恐怖では、すべての体毛がわっと逆立ち、体じゅうに鳥肌が立ち、ついには血も内臓も凍りつく感覚です。その上の恐怖の反応は「失神」でしょうか？

◆怖いとき、口を開く？　閉じる？

**「怖くて口もきけない」**
**「怖くて余計にしゃべる」**

二通りの表現があるように、怖いときは「凍りついてしゃべれなくなる」、「気が動転してべらべらしゃべる」という逆の反応が起こります。あなたはどちらのタイプですか？

◆なぜ怖いときに「くわばらくわばら」と言うのか？

オソロシイ出来事に遭遇したときに唱える「くわばら、くわばら」。もともと雷除《よ》けの呪文だったのが、災難や厄介事などを避ける場面でも使われるようになったとか。漢字にすると「桑原桑原」。語源は諸説あります。一つは平安時代の学者・菅原道真の怨霊が雷を落とすという噂があり、藤原氏の領地だった桑原という地域だけ落雷がないことからおまじないの言葉が生まれたという説。他に、桑畑には雷が落ちないことにあやかったという説などあります。地名の桑原か、桑畑からきた桑原かは、はっきりしませんが、怖いときや災いを避けたいときは、このおまじないで気を落ちつけてみてはいかがでしょう。

◆なんとも「気味悪い」感覚を言葉にすると

**「おどろおどろしい」**　いかにも不気味で恐ろしい。

**「まがまがしい」**　悪いことが起こりそうな不吉な予感。

**「薄気味悪い」**　なんとなく不気味な感じ。

**「底気味悪い」**　なんだかよくわからないけれど、ひどく気味が悪い。

**「おぞましい」**　身震いするほど嫌な感じ。

◆恐怖でびくびくしている状態を表現

**「戦々恐々《せんせんきょうきょう》」**　恐れて浮足立ち、びくびくする。

**「草木皆兵《そうもくかいへい》」**　ひどく怯えて恐れる。気が動転して草木までが敵の兵士に見えるという意味。

◆びくびくしながら行動する感じは

**「おっかなびっくり」**

㊥ 古びた橋をおっかなびっくり渡る。 ㊥ 大型犬をおっかなびっくり撫《な》でてみる。

**「おそるおそる（恐る恐る）」**

**「こわごわ（怖々）」**

**「おずおず（怖ず怖ず）」** 恐れためらいながら行動する。

**「おじおじ（怖じ怖じ）」**

◆そのコワさ、どっちで表現する？

・「コワイ」か「オソロシイ」か？

違いを一言でいえば、「怖い」は、より主観的な恐怖感、「恐ろしい」は、より客観的な恐怖感を表すのにぴったり。たとえば、ニュースの報道などで「怖い事件」というのと「恐ろしい事件」というのとでは、後者の方が衝撃の強さを伝えやすいでしょう。逆に、お化け屋敷などでリアルに恐怖を感じたときは、「恐ろしい」より、「コワイよ～」と叫ぶのが自然です。また「恐ろしい」は、その程度が凄まじいときに「恐ろしい寒さ（暑さ）」のような使い方もできます。

・「怖い」か「恐い」か？

どちらも「こわい」と読み、意味も同じ。一つ違う点は「怖い」は常用漢字なのに対し、「恐い」は常用漢字ではないこと。そこで、どちらを使うか迷ったら、新聞やニュースでも多く使われる「怖い」が適当でしょう。もちろん「恐い」でも問題ありません。また、前項で触れた通り、「恐い」は「恐ろしい」と同様、客観的な恐怖を表すのに適しています。

・「恐れ」か「畏れ」か？

おなじ「おそれ」でも、漢字一字違いで意味が変わります。

**「恐れ」**「こわい」という気持ちや恐怖感。

**「畏れ」**「畏怖《いふ》（大いにおそれかしこまる）」という言葉があるように、敬い、畏《かしこ》まる気持ち。㊞神の偉大さに畏れを抱く。

・「恐怖」か「不安」か？

「恐怖」と「不安」は密接ですが、「恐怖」にはコレという恐れの対象があるのに対し、「不安」は特定できない漠然とした恐れです。「ああ、将来がなんとなく不安だ」と言いますが、

「将来が恐怖だ」とは言いませんよね。恐れの程度が強いのは、やはり恐怖のほうでしょう。

**◆恐怖以外に、あなたはどんなとき「コワイ」と感じますか?**

「怖い」の別バージョンとして、恐怖とは違う「コワイ人」や「コワイ気分」あれこれをざっと挙げてみましょう。


**「〇〇部長に会議でからまれそうでコワイ」**

**「あの人の妙な明るさがコワイ」**

**「なれなれしすぎてコワイ」**

**「美人すぎてコワイ」**

**「あの人、空気読まずに話しかけてくるからコワイ」**

**「何考えてるかわからなくてコワイ」**

**「無表情すぎてコワイ」**

**「幸せすぎてコワイ」「優しすぎてコワイ」**のように、ポジティブな思いの中で、ふっとコワさを感じることもあります。「コワい」は応用が利く使える言葉なのです。

# 不安・心配

よくわからないけれど、自分が何かに脅かされているようで落ち着かない感じ。日常的に誰もが体験するネガティブな感情が「不安」や「心配」です。

◆心配なときは「気」のつく言葉の出番

**「気をもむ」** 心配で落ち着かず、やきもきする。

**「気に病む」** 過去の失敗や将来への不安で思い悩む。

**「気がかり」** どうなるか心配で落ち着かない。

**「気で気を病む」** しなくてもいい心配をあれこれして自分を苦しめる（同じ意味で **「杞《き》憂《ゆう》」** という言い方もあります）。

**「気塞《きふさ》ぎ」** 気持ちが塞いで晴れ晴れしない。

**「気苦労」** 気を使いすぎて疲れる。

◆不安や心配ですっきりしないときの心の中は

**「わだかまる」**

心配や不満で心がもやもやしてすっきりしない。

**「心もとない」**

頼りなくて不安。

㊀ ふところが心もとない。

㊀ この条件は、若い彼だけじゃ心もとない。

◆募る心配を髪にたとえたすごい言葉があった

**「白髪三千丈《はくはつさんぜんじょう》」**

心の憂いや心配事が募ることのたとえ。白髪が非常に長く伸びることを誇張して言ったもので、三千丈は約九キロメートル！ 唐代の詩人・李白の『秋浦《しゅうほの》歌《うた》』より。

◆国の内も外も心配だらけの状態

**「内憂外患《ないゆうがいかん》」**

国内にある心配事と外国からもたらされる心配事。つまり、内外の憂患（大きな心配事）。

㊀ 今の日本は内憂外患が相次いでいる。

◆逆さまの二文字「心痛」と「痛心」の使い分けは?

**「心痛《しんつう》」** どちらも心配な気持ちを表しますが、二文字が逆転しただけで、意味が少し変わります。

ひどく心配すること。最悪の事態まで想定して心を悩ます状態。

㊀心痛のあまり一睡もできなかった。

**「痛心《つうしん》」** 心配して心を痛めること。責任を感じて心苦しく思うこと。

㊀多数の被害者に対しては痛心に堪えない。

◆「表情の変化」で伝える不安や心配

心配しているときは表情も曇りがち。特に、額や眉に不安な気持ちが表れます。

**「額が曇る」** 心配事などのために暗い顔をする。

**「眉を曇らせる」** 心配事があって眉をひそめる。

(**「眉を寄せる」「眉根を寄せる」**は、不快感などから顔をしかめること)

◆自分に関係ないことだけど心配してしまうのは

**「他人の疝気《せんき》を頭痛に病む」** なんて言います。「疝気」は、漢方で下腹部が痛くなる病。

つまり他人の腹痛を心配して自分が頭痛になることのたとえ。知人や有名人らに対し、「あの人、大丈夫かな？」と余計な心配をすること、誰でもありますよね。

**◆仕事や人生で「このあとどうする？」という心配は**

**「後顧《こうこ》の憂《うれ》い」** あとあとの心配、物事をやり終えたあとに残る心配な気持ち。また、「もしも自分が死んだら遺される家族はどうなる？」という心配な気持ちも表します。

㊐ 部下が優秀だから、後顧の憂いなく退職できる。

㊐ 後顧の憂いがないように、遺産相続の話し合いをする。

**◆すごく心配で心配でたまらない心中は**

**「深憂《しんゆう》」** 大きな心配。非常に心配すること。

**「強く懸念する」** 懸念：不安で気がかりなこと。

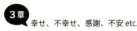

# 安心

ポジティブな気持ちを代表する「安心」。心配なこと、気がかりなことがなくなって気持ちが落ち着き、穏やかで安定した状態です。

◆体の感覚で、安心感や開放感を言い表す

**「ほっと胸をなでおろす」**

**「胸のつかえがす〜っと取れる」**

**「胸が軽くなる」**

**「肩の荷が下りる」** 心配事がなくなり気持ちが楽になる。

**「大船に乗ったよう」** 頼りになる者に任せ、安心しきっている。

**「愁眉《しゅうび》を開く」** 心配事がなくなり、安心してほっとした顔つきになる。「愁眉」は憂いを含んだ眉のことで、心配そうな顔を表します。

**「枕を高くする」「枕を高くして寝る」** 心配事がまったくなく、心安らかに眠れる。

**「緊張の糸がほどける」**

**「人心地《ひとごこち》がつく」** 困難を乗り越えたあとのほっとした気持ち。
㊐ やっと人心地がついてゆっくり食事ができた。

◆安心感をストレートな言葉で伝える
**「大安心」** とても安心。

**「放心」** 気にかけないこと、安心すること。心配事を払いのけるという意味から。

**「放念」** 「放心」と同じ意味。ビジネス上でも有効な表現です（122ページ参照）。

**「心丈夫《こころじょうぶ》」** 頼れるものがあって安心なこと。

**「安楽」** 心身が安らかで、満ち足りた気分。

◆安心して「あったかい気分」になったときは
**「ほっこりする」** いかにもあったかい。

**「ぽかぽか」「ほのぼの」「ほんわか」「ほかほか」「ぬくぬく」「なごむ」**

……言うだけで、言葉にするだけで、心も体もぽかぽかしてきます。

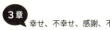

◆「のんびり」した雰囲気や人物のイメージは

**「ゆったり」**　ゆるやかでゆとりがある。

**「まったり」**　ゆったりして、のんびり落ち着いた気分。

**「おっとり」**　しぐさや性格がのんびりして落ち着いている。

◆のんびりムードが伝わる四字熟語

**「悠悠閑閑《ゆうゆうかんかん》」**　ゆったりのんびりしている。「悠悠」は十分ゆとりがあること。

**「泰然自若《たいぜんじじゃく》」**　落ち着いてゆったりかまえ、どんなことにも動じない。いつでも平常心。

# 懐かしい

昔のことを思い出し、当時の気持ちに戻ったり、しみじみとして離れがたくなる気持ち。

**◆昔のことを思う「かいこ」の表現は二通りある**

**「懐古」** 遠い昔を懐かしく思うこと。

**「回顧」** 過去の出来事を思い出すこと。

読み方は同じ「かいこ」で、昔を思い出すという意味も同じですが、「懐かしく思い出す」という情緒的な意味合いなのが「懐古」、単に「過去にこんなこともあんなこともあった」と出来事を思い出すのが「回顧」です。文字にするときは使い分けに気をつけましょう。

**◆文字を見るだけで懐かしい気持ちになる言葉**

**「追懐《ついかい》」** 昔のことや人を思い出して懐かしむ。

**「追想」** 昔を思い出してしのぶ。

**「懐旧《かいきゅう》」** 昔のことを懐かしく思い出す。

**「望郷《ぼうきょう》」** 故郷を懐かしく思う。

**「懐郷《かいきょう》」** 故郷を懐かしむ。望郷。

**「郷愁《きょうしゅう》」** 故郷を懐かしく思い、帰りたくてたまらなくなる気持ち。

**「哀惜《あいせき》」** 人の死など、帰らないものを悲しみ惜しむ。

**「サウダージ（哀惜、郷愁）」** ポルノグラフィティの名曲のタイトルでもおなじみの言葉。

**「ノスタルジー（郷愁）」**
ポルトガル語で、失ったものを懐かしむ感情。

**4**章

# 困る、疑う、許す、祝う

etc.

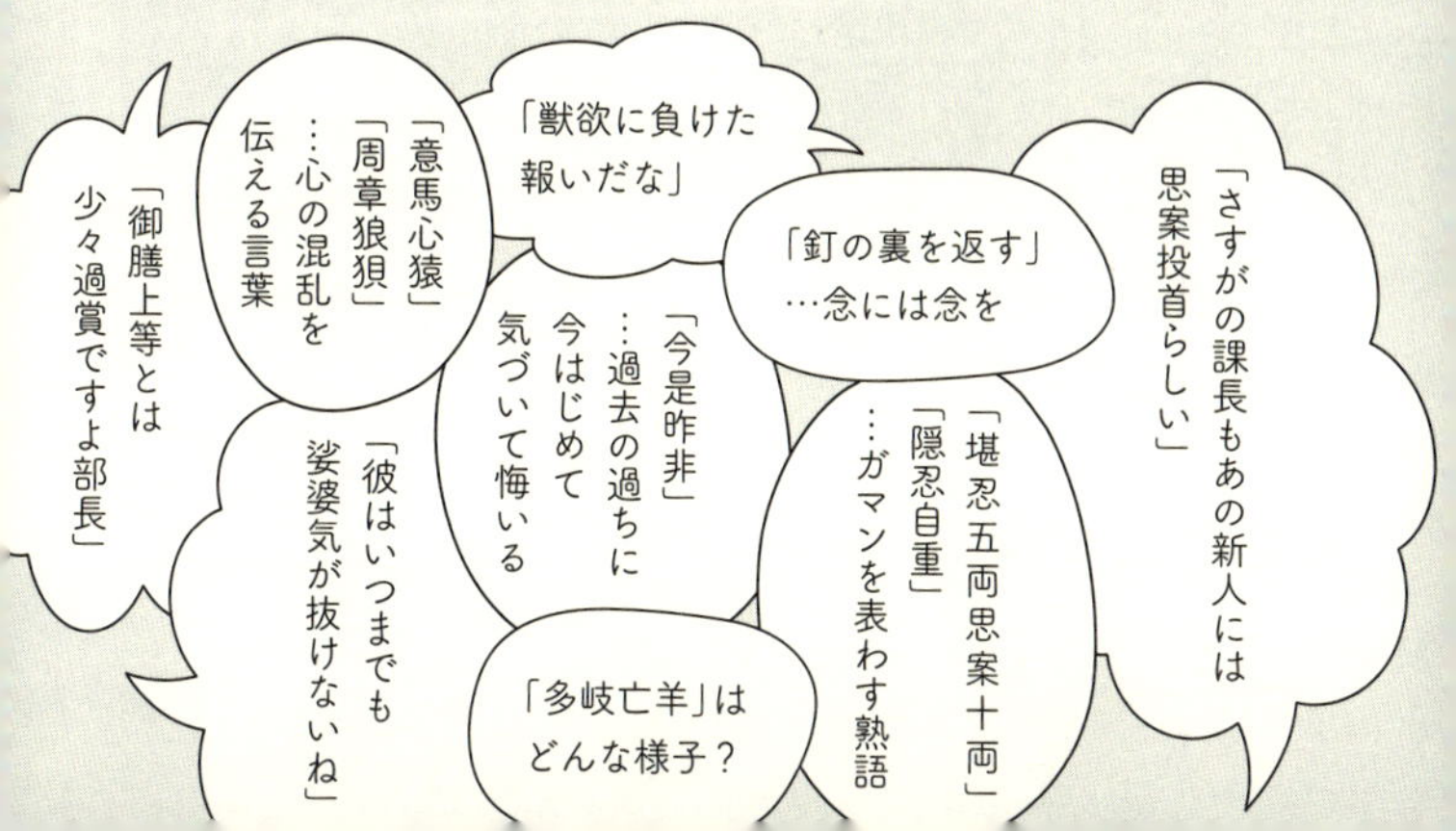

# 困った

物事の判断にゆきづまり、「いったいどうすれば？」と悩み果てたときの心境。

◆とにかく困ったときの気持ち

**「ほとほと参った」**

**「ほとほと困った」**

ほとほと：まったく、つくづくの意味。困り果てた気持ちを強めます。

◆追い詰められて「もう無理かも」というときの心境は

**「いかんともしがたい（如何ともし難い）」**

**「なすすべがない」**

**「にっちもさっちもいかない」**　物事がうまく進まずどうにもならない。

「にっち」は「二進」、「さっち」は「三進」の音が変化したもの。

**「のっぴきならない（退っ引きならない）」** 引きさがることも避けることもできない。

**「抜き差しならない」** 身動きが取れずどうにもならない。

㊎ 大きなことを言ったばかりに抜き差しならなくなる。

**「八方ふさがり」** 取るべき手段がなく途方にくれる。

**「東西を失う」** 方角がわからなくなり、途方に暮れる。

**「進退きわまる」** 進むことも退《ひ》くこともできない。

**「刀折れ矢尽きる」** 一生懸命やったものの、万策尽きてなすすべなし。

**「あらがえない」** 逆らえない、抵抗できない。

**「がんじがらめ」** 身動きが取れない。

**「後へも先へも行かぬ」** 動きが取れず、どうすることもできない。

**「足掻《あが》きがとれない」** 悪い状態から抜け出す術がなく、動きが取れない。

**「取りつく島もない」** 頼りにするものが何もなく、どうしようもない。

㊎ 問題が難しすぎて、どこから解けばいいか…取りつく島もない。

◆頭をひねっても策が浮かばず困り果てたときの気持ち

**「思《し》案《あん》投《なげ》首《くび》（思案投げ首）」**

よい案が浮かばず、困り切って首を傾ける。

㊕ 難題続出で、さすがの部長も思案投げ首の様子だ。

◆頭と手で表す「困った」

**「頭を抱える」**

**「手を焼く」**

困ったときは、自然とこうなりますね。

◆世渡りの難しさを伝えるならこの言葉

**「世《せ》知《ち》辛《がら》い」**

世渡りがしづらく暮らしにくい。打算的でせこせこしている。

㊕ 世知辛い都会の暮らしに疲れてしまった。

# 頼る

自力ではどうにもならず、「どうか力を貸してほしい、助けてほしい」と依存する心。

◆ほとほと困って「助けて！」とすがる気持ち

以下は、本当に困ったときの気持ちです。

**「藁《わら》にもすがる」**

㊎ 藁にもすがる思いでお金を借りた。

**「溺れる者は藁をも掴《つか》む」**

非常に困った人は、頼りになりそうもないものにまで必死ですがろうとするたとえ。

**「苦しいときの神頼み」**

普段は神様を信じたりしない人が、困ったときだけ助けを求めて神に祈る。

◆「何とかして！」と必死で頼る気持ち

**「哀願《あいがん》」** 情に訴えて必死で頼む。

**「懇願《こんがん》」** 誠意をもって必死で頼み願うこと。

◆すがる気持ち、媚びる心を表す言葉

相手にすがって気に入られたい、自分を売り込みたい、そんな気持ちになっている人の姿がイメージできる面白い言葉、いろいろあります。

**「尻尾《しっぽ》を振る」「胡麻《ごま》をする」「太鼓を持つ」「色目を使う」「おべっかを使う」「腰巾着《こしぎんちゃく》」「シナをつくる**（女性が男性になまめかしいしぐさをする）**」「ぺこぺこする」「おもねる」「取り入る」「お先棒を担ぐ」**……。

◆「媚びる」言動や態度を二文字で伝える

**「追従《ついしょう》」** 人が気に入るような言動でご機嫌をとる。媚びる。

**「媚態《びたい》」** 取り入ろうとする態度。また、男性に媚びる女性のなまめかしい態度。

# うぬぼれる

自分はすぐれた人と思い込み、「ほら見ろ、すごいだろ！」と言いたくてたまらない心。

◆うぬぼれたときの気持ちと、うぬぼれた人を罵る気持ち

**「いい気になる」「得意になる」「おごり高ぶる」「のぼせ上がる」「鼻にかける」「ひけらかす」「天狗《てんぐ》になる」「つけ上がる」「思い上がる」「調子にのる」「勝ち誇る」**

……いますよね、こういう人。それが目障りと感じた方の気持ちは、**「いい気になるな！」「のぼせ上がるな！」「ひけらかすな！」「調子にのるな！」**いくらでも。

◆うぬぼれ感を表すピタリの四字熟語は

**「唯我独尊《ゆいがどくそん》」**　この世で自分ほど偉いものはいないとうぬぼれる。

**「夜郎自大《やろうじだい》」**　自分の力量を知らずにいばる。自らいばり尊大な態度をとるから「自大」。

◆うぬぼれの気持ちをずばり二文字で

**「高慢」**　自分はすぐれていると思い上がり、人をばかにする。

**「傲慢《ごうまん》」**　偉ぶって人を見下す。

**「慢心」**　おごり高ぶった心。

**「増長《ぞうちょう》」**　調子に乗ってだんだん傲慢になる。

**「得々《とくとく》」**　得意げな様子。

**「揚々《ようよう》」**　得意げな様子。

**「高飛車」**　高圧的な態度をとる。

**「鼻高々《はなたかだか》」**　いかにも得意げな様子。

# 迷う

「いったいどっちに行くべきか？」揺れに揺れて決断できない気持ち。

◆う～ん、決められない。AかBか決断できないときの迷える心

**「判断しかねる」「甲乙つけがたい」「どちらとも言えない」**

**「おっつかっつ」** 五分五分、フィフティフィフティ。ほとんど同じ程度で優劣がない。

語源は「乙甲《おつかつ》」または「追っつ縋《すが》っつ」ともいわれます。

**「痛し痒《かゆ》し」** どちらをとっても都合の悪いことがあり、判断に迷う。

㊟ 商売繁盛も痛し痒しだな、忙しくて休む暇もない。

◆迷える気持ちが伝わる四字熟語

**「多岐亡羊《たきぼうよう》」** 選択肢が多く、どれを選べばいいか迷う。

類語で **「岐路亡羊《きろぼうよう》」** もあります。

## あせる

「早くしなきゃ、でもうまく前に進まない、大変だ、どうしよう……！」気がせいて落ち着きを失った状態。一時的なパニック。

◆慌てて考えがまとまらず、思考がぐるぐるしている感じは

**「頭がこんがらがる」**

**「頭のネジが外れる」**

**「頭のネジが飛ぶ」**

**「頭の中が引っ掻き回される」**

**「頭がぐちゃぐちゃ」**

◆ぐちゃぐちゃな頭の中を二文字でズバリ

**「惑乱《わくらん》」**　冷静に判断できないほど心が乱れる。

**「動転《どうてん》」**　非常に驚いて慌てふためく。

**「周章《しゅうしょう》」** 慌てふためくこと。

**「狼狽《ろうばい》」** 不意の出来事などで慌て、うろたえ騒ぐ（「うろたえる」は「狼狽える」）。

**「狂乱」** 心が激しく揺れて常軌を逸する。

**「錯乱《さくらん》」** 感情や思考が混乱し、秩序がなくなる。

**「乱心」** 逆上するなどして分別をなくし、気が触れたようになる。㊐殿、御乱心！

◆**パニック状態を表す言葉あれこれ**

**「身《み》も世《よ》もない」** とても取り乱し、自分のことも世間の手前も考える余裕がない。

**「泡を食う」** 驚いて非常に慌てる。

**「面喰《めんくら》う」** 不意の出来事に驚き、慌てる。

**「度を失う」** 慌てふためき、普段の落ち着きをなくす。「度」は物事の程度の意味。

**「右往左往する」** 慌てふためき、あっちへ行ったりこっちへ来たりする。

◆**どうにもこうにも落ち着かない感じは**

**「気がはやる」** 急ぐ気持ちが先立って、なんとも落ち着かない。

**「気が気じゃない」** 気がかりでどうにも落ち着かない。

**「気もそぞろ」** そわそわして落ち着かない。

**「居ても立っても居られない」** 早くやろうとしてあせる。

**「浮足立つ」** 恐れや不安から落ち着きをなくす。

**「浮き腰になる」** 慌ててしまって落ち着かない。

**「焦燥感にかられる」** 焦る気持ちがわき起こって、じっとしていられない。

◆心の大混乱を伝えるなら、**この四字熟語**

**「周章狼狽《しゅうしょうろうばい》」** ひどく慌てておろおろしてしまう。**「周章」**も**「狼狽」**も「慌てる」の意味で、慌てるの二乗ほどの大慌ての心情を表します。

◆焦る気持ちが素直に伝わるオノマトペ

**「おたおた」「おろおろ」「まごまご」**

# もどかしい

テキパキやりたいのにうまく進まない。面倒なことははしょって前に進みたいじりじり感。

◆「ああ、もどかしい」気分を他の言葉で表すと

**「じれったい」** イライラして気持ちが落ち着かない。

**「やきもきする」** あれこれ気をもんでイラつく。

**「まだるっこい（間怠っこい）」** 手際が悪くて、じれったい感じ。

例 そんなまだるっこいやり方では、間に合わないよ！

◆「もどかしい」は、感覚的には「かゆい」気持ち？

**「隔靴掻痒《かっかそうよう》」** 痒いところに手が届かないように、思い通りにならず、もどかしい。

**「歯がゆい」「痛がゆい」「むずがゆい」「ムズムズする」「うずうずする」「ジリジリする」**

……確かに、もどかしさは「かゆい」表現がピタリときます。

# 勇気・奮起

気持ちが積極的で、ブレずに前に進もうという気力が高まった状態。強く、勇ましく、「よし、やるぞ！」という意気込みでいっぱい。

◆覚悟を決めて立ち上がったときの高揚感は

**「勇み立つ」** 勇気を奮い起こし、体じゅうで「やるぞっ！」と武者震い。

**「気組《きぐ》み」** 積極的にやろうという熱意、心構えを表します。

㊐ 気組みだけは、誰にも負けない。

◆勇気があふれ出る四字熟語

**「勇気凛凛《ゆうきりんりん》」** 失敗や危険をかえりみず、勇敢に立ち向かおうという気力に満ちている。

「凛凛」は勇ましく勢いが盛んな様子。

**「発奮興起《はっぷんこうき》」** 気持ちを奮い起こして立ち上がる。

**「大死一番《だいしいちばん》」** 死んだつもりになって奮起する。死ぬ覚悟でやってみる。

**「勇気百倍」** 勇ましい気力が非常に高まっている。

**「元気百倍」** まさに元気もりもりでパワーがみなぎっている。

**「意気軒昂《いきけんこう》」** 威勢がよく、とても元気で気持ちが奮い立っている。

**「勇壮活発」** 勇ましくて元気いっぱい。

**◆奮起し前進するときはおなかに気合が入る**

日本人は昔から、覚悟を決めるときにへそ周りに喝を入れます。

**「ほぞ（臍）を固める」** 固く心を決める。覚悟を決める。

㊎ 思い切ってやってみようと、ほぞを固める。

**「へそ（臍）の上に帯を締める」** 「ふんどしを締める」と同意で、心を引き締めて覚悟を決めること。

**「腹を据《す》える」「腹を決める」** 覚悟を決める。

**「肝《きも》が据わる」** 落ち着いて並大抵のことでは動じず、度胸がある。

◆奮い立つ気持ちを集めた二文字

**「奮然《ふんぜん》」** 勇気や気力を奮い起こす。

**「興起《こうき》」** 心が奮い立つ。

**「奮起」** 気力や意欲を奮い起こす。

**「奮発」** 気力をよりいっそう奮い立たせる。

**「勇躍《ゆうやく》」** 勇気にあふれて心が躍る。

**「感奮《かんぷん》」** 心に強く感じ入って、「よし、がんばろう」と奮い立つ。

◆人に勇気を与え、気力をあおる言葉

**「鼓舞激励《こぶげきれい》」** 他者を励まして気持ちを奮い立たせる。

# 緊張する

心も体もぴ~んと張りつめた状態。緊張しすぎると神経過敏でガチガチ、コチコチに。うまくリラックスできず、苦しくなります。

◆緊張したときの空気や体の感覚を表す言葉は

**「空気がこわばる」**

**「気づまりする」** 心が窮屈でのびのびしない。

㊐周りは知らない人ばかりで、気づまりな会合だった。

**「息が詰まる」** 緊張しすぎて息苦しくなる。

**「気が張る」「気持ちが（空気が）張り詰める」** 気持ちがぴんと引き締まって緊張する。

**「しゃちほこ張る」** 緊張して気持ちや身体がこわばる。「しゃちほこ」は、お城などの屋根に取り付けられる魚に似た想像上の動物の飾りで「しゃちほこのように偉そうに威張って見せる」が元の意味。

「しゃちこばる」「しゃっちょこばる」とも。

㊀ そんなにしゃちほこ張らないで、もっとリラックスしよう。

◆身が固くて縮こまる感じを伝える音は

**「ガチガチ」**

**「ぴりぴり」**

**「ビリビリ」**

◆厳《おごそ》かな雰囲気の中で身が引き締まる感じは

**「神々《こうごう》しい」** 厳かで気高い感じ。神秘的で尊い。

㊀ 雪山の神々しい姿にうっとり。

**「物々《ものもの》しい」** 堂々として威厳があり、人を威圧するような感じ。大げさな感じも表します。

**「崇高《すうこう》」** 気高く尊い。勇荘な対象に抱く感情。

**「荘厳《そうごん》」** 重々しく、威厳があって気高い。

# 疲れた

体力、気力を消耗し、思わず「疲れた……」と言いたくなるヘトヘトな感じ。

◆「疲れた」を他の言葉で言ってみる

**「気くたびれ」** 神経がすり減って気疲れした感じ。

**「気骨《きぼね》が折れる」** あれこれ気を使ったり心配したりして心が疲れる。

**「生気を失う」** 疲れ切って何もする気が起きない。無気力。

**「息も絶え絶え」** とても疲れている。

**「ボロ雑巾《ぞうきん》のよう」** 心身共にぼろぼろ。

**「勤続疲労」** 読んで字のごとく、働き疲れ。

**「消耗感」** 気力、体力を使い果たした感じ。

**「脱力感」** 力が抜けてぐったり。

## あきらめる

できないことはできないと認め、それ以上何かしようとするのは「もうやめた」。

◆「○○あきらめる」いろんなあきらめ方を４つの音で伝える

一口に「あきらめる」と言っても、潔いあきらめ方、仕方なしのあきらめ方、涙を伴うあきらめ方などさまざまです。頭につけるオノマトペ（擬声語・擬態語）などの工夫でその気持ちが伝わりやすくなります。「あきらめる」の前に次の言葉をあてはめてみましょう。

**「きっぱり」**
**「あっさり」**
**「やむなく」**
**「なくなく（泣く泣く）」**
**「しぶしぶ（渋々）」**……

㊥「きっぱりあきらめる」、「泣く泣くあきらめる」など。

◆「あきらめ」の気持ちを他の言葉で表現する

**「さじを投げる」**　「さじ」は薬を調合する匙のこと。医者がこれ以上の治療法がないと断念することから。

**「万事休《ばんじきゅう》す」**　すべて終わったとあきらめる。

**「見切りをつける」**

**「踏ん切りをつける」**

**「割り切る」「吹っ切る」**

**「観念する」**　状況を受け入れてあきらめる。

**「腹をくくる」**　覚悟を決める。

**「幕を引く」**　あきらめて終わりにする。

**「あきらめは心の養生《ようじょう》」**　くよくよするよりきっぱりあきらめた方が精神の健康を促すというポジティブなことわざ。

他に、

**「リタイア（棄権）」**

**「見限る」**

**「お手上げ」**　など。

◆潔いあきらめの気持ちを二文字で表す

**「絶念《ぜつねん》」**

**「断念」**

どちらの意味も、思い切ること、あきらめること。

◆窮地に追い込まれたときの覚悟の名言

**「是非《ぜひ》に及ばず」**　もうどうしようもない。しかたがない。

本能寺の変で織田信長が発した有名な言葉。窮地に追い込まれたなら「是か非か（良いか悪いか）」を判断する必要はない。もうやるしかない（戦うしかない）。苦渋の決断でも、あきらめて覚悟を決めるときの気持ちにぴったりです。

# 飽きた・冷めた

「もうこれ以上続けなくていいかも」という熱の引いた気分。

◆熱愛がさめたときの気分は「秋風」と「秋空」が合う

**「秋風が立つ」「秋風が吹く」**

㊐ わずか半年前の熱愛ぶりがウソのように秋風が立ち始めた。

**「女心と秋の空」** 秋空のように変わりやすく、移り気な女性の心を表す有名なことわざ。**「男心と秋の空」**もあります。

**「秋の空は七度半《ななたびはん》変わる」** これもやはり、人の心の変わりやすさをたとえた言葉。

**「女の心は猫の目」** 女心は、猫の目が明暗で形が変わるように気まぐれで変化しやすい。

◆冷めたとき、飽きたときの正直な気持ちは

**「うんざり」「げんなり」「もう、飽き飽き」**

## 我慢する

日本人は「我慢強い」「堪《こら》え性《しょう》（我慢する気力や忍耐力）がある」とよくいわれます。
つらい気持ちを表に出さずじっと耐える気持ち。

◆「我慢」は口元に表れる

**「（必死で）歯を食いしばる」**

**「唇をかみしめる」**

**「ぎゅっと唇をかむ」**

◆じっと耐える心境は

**「風雪《ふうせつ》に耐える」**　厳しさ、苦しさ、辛さなど、厳しい試練にも決してくじけず乗り越える。

㊐ 人生の風雪に耐えてきた人は、気骨がある。

◆我慢の気持ちは人を育てる。先人のすごい教え

**「堪忍《かんにん》五《ご》両《りょう》思《し》案《あん》十両《じゅうりょう》」** 忍耐と思慮深さが大切。我慢すれば五両分くらいの得になる。

**「辛抱する木に金がなる」** どんなことでも辛抱づよく働けばお金がたまってくる。

**「染物屋と鍛冶屋を三年辛抱すれば出世する」** 真冬でも冷たい水を扱う染物屋、真夏でも火を扱う鍛冶屋、これらの仕事で三年辛抱できたら出世できるという意味。

◆四字熟語で表す「耐える」気持ち

**「隠忍《いんにん》自《じ》重《ちょう》」** 怒りや苦しみをじっとこらえ、軽はずみなことはしない。

**「臥《が》薪嘗胆《しんしょうたん》」** 目的を遂げるために自ら試練を与え、長年苦労に耐えながら努力する。

◆とことん耐えることを宣言する言葉

**「石にかじりついても」** どんな苦労や困難にも耐えてでも。

㋲ 石にかじりついても、やり遂げる覚悟だ。

## あやしむ・疑う

「それ、ちょっとおかしくない?」「言ってることが信用できない……」そんな疑惑の心。

◆「大丈夫かな!?」首をかしげるような言動に対して一言

**「いぶかしい」** 納得がいかず、不透明な感じ。

**「不可解」**

**「すっきりしない」**

**「釈然としない」**

**「もやもやが残る」**

疑念や迷いが晴れず、すっきりしない。

**「不信感がつのる」** 信用できず、任せようと思えない。

「不信感が**増す、高まる、残る**」などの言い回しもできます。

**「信用ならない」**

**「おいそれと○○（でき）ない」** 疑わしい依頼に対して、すぐに応じられない気持ち。

㊟ 保証人になってくれと頼まれても、おいそれとは引き受けられない。

◆「疑」のつく言葉でズバリ言う

・ぴったりの二文字

**「疑団《ぎだん》」** 心にわだかまっている疑念のかたまり。

㊟ あの件の疑団はそう簡単には晴れそうにない。

**「疑義」** 疑わしい事柄。

**「疑念」** 疑わしいと思う気持ち。

・ぴったりの四字熟語

**「群疑満腹《ぐんぎまんぷく》」** 心の中が疑問でいっぱい。

**「猜疑嫉妬《さいぎしっと》」** 疑って恨むこと。「猜疑」は人を信じず妬んだり疑ったりする心。

**「狐疑逡巡《こぎしゅんじゅん》」**　狐が疑い深いように、あれこれ考えて思いきれない。

**◆身近な人の疑わしい言動を見て見ぬふりする心**

**「知らぬ顔の半兵衛」**　知っているのに知らないふりをしてとぼける。相手の言動が疑わしくても「めんどうだから見逃そう」という場面にピタリの言葉。

**「ほっかぶり」**

**「ほっかむり」**　知らないふり。知らぬふり。

# 警戒する

危険なムードを察知して「気をつけろ!」と自らに警笛を鳴らす。

◆「これはキケンかも」と警戒する気持ち

・なんとなく危険

**「剣呑《けんのん》」** 危険な感じがして不安。

㊞ 楽しいパーティが一変、剣呑な空気につつまれた。

**「なんだか剣呑」「ずいぶん剣呑」** などの言い回しも。

**「胡散臭《うさんくさ》い」** 見た目にどことなく怪しい。胡散＝疑わしい。

**「いかがわしい」** 怪しげで信用できない感じ。

**「きな臭い」** 何かが起こりそうな危ない怪しさ。

・かなり危険

**「きわどい」**　危うい。

**「デンジャラス」**　危険！

**「あわや！」**　危険が身に及ぶ寸前。

**「薄氷を踏むような感じ」**　非常に危険性が高い。

**「間一髪」**　髪の毛一本くらいのすき間しかないほど、極めて差し迫った事態。

**「瀬戸際」**　生死の境目、危機一髪。

**「予断を許さない」**　予測不能で、安易に判断することは危険。病状が楽観できないときにもよく使われる言葉です。

◆危険を回避する言葉

**「戒心《かいしん》」**　油断せず用心を怠らない。

**「用心」**　万一に備えて気をつける。

用心の二文字を使って**「用心に怪我なし」「用心に用心を重ねる」**など。

◆「気をつけろ！」常に忘れずにいたい故事・ことわざ

**「転ばぬ先の杖《つえ》」** 万が一に備え、前もって十分準備する。同じ意味で **「濡れぬ先の傘」** もあります。

**「浅い川も深く渡れ」** 浅い川も渡るときは深い川と同じように用心して渡ろう。弱い相手でも強い相手だと思って気をつけようというたとえ。有名な **「石橋をたたいて渡る」** と同義です。

**「旨《うま》い事は二度考えよ」** 都合のいい話ほど裏があるので、じっくり考えよう。

**「釘《くぎ》の裏を返す」** 念には念を入れる。釘を打ち込んだとき、裏側に突き出た先端を打ち曲げて抜けないようにすることから。

## 信頼する

「この人なら大丈夫。任せて安心」と、相手を信じて頼りにする気持ち。

◆誠実できちんとした人に抱く感情は

**「折り目正しい」「真正直」**

ネガティブに捉えると、「折り目正しい」＝「堅物《かたぶつ》（真面目で融通が利かない）」、「真っ正直」＝「愚直（正直で融通が利かない）」になり、捉え方一つで印象ががらっと変わります。

◆とても信頼できる人に寄せる思い

**「全幅の信頼を寄せる」「絶対の信頼を寄せる」「露《つゆ》ほども疑わない」「みじんも疑わない」**

◆信頼の落とし穴ならこの言葉

**「軽信《けいしん》する」** 軽々しく信じること。痛い目にあうケースもあるので、気をつけましょう。

# 許す

「ま、いいか……」と相手の過失などをとがめずに見過ごしたり受け入れる広い心。

◆許す気持ちや許し方にもいろいろある

**「海容《かいよう》」** 海のように広い心で人の罪や過ちを許す。主に書き言葉で用います。

㊝ 乱文、乱筆、ご海容ください。

**「是認《ぜにん》」** よいと認めて許す。

**「仮借《かしゃく》」** 許して見過ごす。

**「黙過《もっか》」** 知っていながら黙って見過ごす。

㊝ ウソと知りつつ黙過する。

**「目こぼし」** とがめずにわざと見過ごして許す。大目に見る。

# 申し訳ない・つぐなう

相手にすまない気持ちでいっぱい。「迷惑かけて悪かったな」とつぐなう心。

◆自分を責める苦しさを表す言葉は

**「良心の呵責《かしゃく》にさいなまれる」** 罪の意識を感じ、悪いことをしてしまった自分自身に対して心を痛める。「呵責」は厳しく責めること。

**「自責の念にかられる」** 自分の過ちを責めとがめる。

**「悔恨の念を抱く」** 自分がしてしまった過ちを後悔し、残念に思う。

◆つぐなう気持ちにぴったりな四字熟語

**「今是昨非《こんぜさくひ》」** 過去の過ちに、今初めて気づいて悔いる。昨日までは誤り（非）で、今日は正しい（是）。「あっ、あの言動は失敗だった」とふと気づくこともありますよね。

㊎ あのとき、うまい話に乗らなければ……と今是昨非の感に堪えない。

**「平身低頭」** ひたすら恐縮する。ひれ伏して頭を下げ、ぺこぺこ謝る。

**◆謝る気持ちを二文字で伝える**

「なんとか誤解を解いて、許してほしい」…そんな気持ちがこもった言葉です。

**「深謝」** 心から詫びること、感謝すること、二通りの意味があります。

㊎ 失礼な対応を深謝する。

**「万謝《ばんしゃ》」** 深く詫びること、厚く感謝すること。感謝の言葉としても使えます。

**「陳謝」** 事情を述べて謝る。

**◆クレームなどに対してつぐなう気持ちは**

**「真摯《しんし》に受け止める」** 起こったことに対し、真剣に真面目に受け止める。「真摯」は真面目、ひたむきであること。

㊎ 今回の事態については真摯に受け止め、現在対応中です。

**「事態を重く受け止める」**

# 恐縮する

受けた厚意に感謝しながら「私なんかにそんなことを……」と照れくさく感じたり、迷惑をかけてすまないと思ったりする気持ちが「恐縮」です。

◆いろいろな場面で使える「恐縮する」言葉

「恐縮」は、もともとは恐れから身が縮むことを表す言葉ですが、実際には、気恥ずかしく感じながら厚意をありがたがる場面でよく用いられます。

**「恐れ多いです」**　目上の人から受けた厚意が自分にはもったいない。失礼にあたるので申し訳ない。

㊓身に余るお褒めの言葉をいただき、恐れ多い（恐縮）です。

**「恐れ入ります」**　①ありがたすぎて恐縮する、②目上の人に迷惑をかけて申し訳なく思う、③相手の能力に対し「これは、参った」と感心する…など、複数の意味があります。

**「もったいない」**　恐れ多い。自分には不相応。

㊞ 社長からもったいないお言葉を賜った。

**「かたじけない」** 非常にありがたい。ありがたすぎて、逆に申し訳ない。

**「痛み入る」** 相手の好意や親切に感謝すると共に申し訳なく思う。

**「身に余る」** 自分にはそれをしてもらうほどの値打ちがなく、ふさわしくない。

㊞ このような賞をいただき、身に余る光栄です。

**「とんでもない」「とんでもございません」**

相手の褒め言葉を謙遜しながら強く打ち消すときによく使われます。

**「滅相《めっそう》もない」** 「とんでもない」と同じ気持ち。相手の言ったことを謙虚に否定します。

**「汗顔《かんがん》の至り（でございます）」**

汗をかくほどとても恥ずかしく思い、恐縮している。他に、**「お恥ずかしいです」**など、恥ずかしい気持ちを伝えながら恐縮することもありますよね（53ページ参照）。

◆厚意に対し、自分には似つかわしくないと感じたときは

**「私には不相応です」**

**「釣り合いません」**

# 希望する・願う

こうなりたい、こうなったらいいな……と、明るい見通しを願う気持ち。

◆あなたの願いは？　さまざまな願望を表す二文字

**「懇望《こんもう》」** ひたすら願い、望む。

**「切願《せつがん》」** 心から願う。

**「切望《せつぼう》」** 熱心に望む。

**「大願《だいがん》」** 大きな願望。

**「大望《たいぼう》」** 身の程を超えるほどの大きな望み。

**「悲願」** どうしても実現したいという悲壮な願い。

**「非望《ひぼう》」** 身分や能力に見合わない大きな望み。

**「宿願」** 以前からずっと果たしたかった願い。

**「本懐《ほんかい》」** 前々から抱いていた願い。『男子の本懐』は城山三郎の名著。

**「本願」** 本来の願い。

◆願いのさじ加減をするとき使える言葉

・強く願う気持ちを伝えるときに

**「ぜひ（是非＝是が非でも）」**

㊀ ぜひ一度おいでください。 ㊀ ぜひとも合格したい。

**「必ずや」「きっと」「何としても」「なにがなんでも」**

**「万難を排して」** どんな困難があっても、なんとしても。

㊀ 万難を排してやり遂げる。

・期待値を下げて願望を表すときに

**「せめて」「少なくとも」**

㊀ せめてメールの一通でもいいから連絡が欲しい。

◆とても会いたい、帰りたい……など、強く願う気持ち

**「一日千秋《いちじつせんしゅう》」**　一日会わないと何年も会わないように感じられるほど、強く待ち焦がれ、思い慕う気持ち。「一日三秋」が転じた有名な言葉です。

㊐　一日千秋の思いで彼（彼女）からの電話を待った。

**「帰心矢《きしんや》のごとし」**　我が家や故郷へ帰りたいと願う気持ちが非常に強い。

◆「あれもこれも欲しい」と欲深くなった心を表すどきっとする言葉

**「大欲《たいよく》」**　大きな欲望。欲深いこと。

**「多欲《たよく》」**　欲が多いこと。

**「渇望《かつぼう》」**　のどが渇いて水を欲するように切実に望む。

**「垂涎《すいぜん》」**　ある物を手に入れたいと強く欲しがる。

**「娑婆気《しゃばけ》」**　俗世間の利益や名誉を求める心。

**「色気を出す」**　欲をかいて不相応なことに手を出す。㊐　調子に乗って色気を出すな。

**「山っ気《やまけ》」** 山師のように思い切って何かしようとする心。㊄彼は山っ気を出すクセがある。

**「欲の皮」** ひどく欲深いこと。㊄欲の皮が突っ張る。

◆モノや利益に対する欲望

**「意馬心猿《いばしんえん》」** 煩悩や欲情が盛んで抑えられない。暴れる馬や野猿は制することが難しいという意味から。㊄意馬心猿にとらわれる。

◆いわゆる大人の欲望を表す言葉

**「獣欲《じゅうよく》」** 獣のような抑えられない欲望。㊄逆らえない獣欲に負けた。

**「情炎《じょうえん》」** 激しく燃え上がる情欲。

**「情火《じょうか》」** 燃え盛る火のように激しい情欲。

**「欲火《よくか》」** 燃え盛る火のように激しい情欲。

**「痴情」** 理性を失うくらい激しい情欲。色情に迷うおろかな心。

# 祝う

「ばんざい」したいくらいおめでたいことを、心から喜ぶ気持ち。

◆言っても言われてもうれしい、いちばんシンプルな祝う言葉

**「めでたい」**

**「おめでたい」**

**「めでたしめでたし」**

◆二文字で祝意を伝える

**「慶賀《けいが》」** めでたい事を喜び祝う。

**「大慶《たいけい》」** 非常にめでたく、喜ばしい。

**「同慶《どうけい》」** 人の祝い事を「自分にとってもめでたい」と共に喜ぶ気持ち。

㊎ 誠にご同慶の至りに存じます。

**「清福《せいふく》」** 清らかな幸福。手紙文で相手の幸福を祝う言葉。

㊎ご清福をお祈り申し上げます。

**「祝賀」** うれしい出来事を喜び祝う。

**「賀《が》意《い》」「祝意」** 喜び祝う気持ち。

**「祝着《しゅうちゃく》」** 喜び祝うこと。心が満ち足りること。主に手紙文で用いる言葉です。

㊎無事のご帰国、祝着に存じます。

◆長寿を祝う縁起のいい言葉

**「延寿万歳《えんじゅばんざい》」** 長寿の祝いの言葉。

**「長楽《ちょうらく》無《む》極《きょく》」** 幸せや楽しみが限りなく続く。

**「延年益寿《えんねんえきじゅ》」** 長寿でめでたいこと。**「延年転寿」**とも。

# 賞賛する・称える

「これは、すごい!」とすぐれたことを評価し、心から褒めたたえる言葉。

◆同じ「さんたん」でも意味が少し違います

**「賛嘆」** 深く感心して褒めたたえること。

**「三嘆」** 心から何度も感心すること。

文字に書くときは意味を考えてどちらかを選びましょう。

◆何度でも使いたい、賞賛の二文字

意味を理解して、気の利いた褒め言葉を贈りましょう。

**「激賞《げきしょう》」「激賛《げきさん》」** 大いに褒める、非常に褒める。

**「礼賛《らいさん》」** 褒めて尊敬する。素晴らしと思い褒めたたえる。

**「称美《しょうび》」「賞美《しょうび》」** 美しいものを褒めたたえ、心から味わう。

**「絶賛」** このうえなく褒める。絶大なる賛美。
**「嘆美《たんび》」** 感心して褒める。
**「過賞《かしょう》」** 過度に褒めること。褒めすぎ。

◆「いいね！」の気持ちをちょっと大げさに伝える

**「最高」** このうえなくよい。
**「見事」** 素晴らしくて立派。
**「圧巻」** 多くのものの中で最もすぐれている。
**「一流」** その分野で第一等のすぐれた地位をしめるもの。
**「上等」** 上の等級というほどすぐれている。
**「上出来」** 十分満足できる素晴らしい出来ばえ。
**「至高」** このうえなくすぐれている。最高。
**「秀逸」** 多くの同類の中でずば抜けてすぐれている。
**「秀抜《しゅうばつ》」** 他の者より抜きん出てすぐれている。
**「出色《しゅっしょく》」** 群を抜いてすぐれている。

「随一」　同類の中で第一番に位置する。
「卓越」　他と比べられないほど、ずば抜けてすぐれている。
「卓絶」　並ぶものがないほど、他よりはるかにすぐれている。
「白眉《はくび》」　同類の中で最もすぐれた人や物。
「無類」　比べるものがないほど抜きん出てすぐれている。
「尤物《ゆうぶつ》」　抜きん出てすぐれたもの。美しい女性。
「凌駕《りょうが》」　他を凌《しの》いで上に立つ。
「あっぱれ（天晴）」　感動するほど見事ですぐれている。
「完璧」　欠点がまったくなく非常にすぐれている。
「極上」　このうえなく上等。
「絶佳《ぜっか》」　風景が素晴らしく美しい。

◆四文字で表す「すごくいいね！」
「御前上等《ごぜんじょうとう》」または「御膳上等《ごぜんじょうとう》」非常に上等、最上級！

# おわりに

いかがでしたか？　ここまで、誰もが日常的に味わっている感情と、それぞれの気持ちを表す言葉を一気にご紹介してきました。文字を目で追いながら、「あのときのあの気持ちは、この言葉がぴったり」「こんな表現もあったのか！」と、目にとまった感情に共鳴し、うれしい気分になったり、怒りがこみ上げてきたり、がぜん勇気がわいてきたり、いろんな感情の揺れがあったのではないでしょうか。

または、読んでいる途中、その感情とリンクする出来事をふと思い出したり、大切な人や苦手な人の顔を思い浮かべて気持ちが高ぶる瞬間があったかもしれません。すると、そこからまた一つ、新たな感情があなたの中から生まれています。

感情の流れはとどまることを知りません。一つの思いがまた次の感情をつれてきて、次の展開は予測不能。それこそが人の感情の未知なる面白さです。

今回取り上げたのは、数限りない感情表現のほんの一部です。ピンときた言葉をまず使ってみたら、今度は自分だけのとっておきの表現法も考えてみてください。いい気分を膨らませたり、嫌な気分を一転させたり、言葉で表現する楽しみを、味わいつくしましょう。

《参考文献》

『気持ちをあらわす「基礎日本語辞典」』（森田良行著／角川ソフィア文庫）
『感情ことば選び辞典』（学研プラス）
『感情表現辞典』（中村明編／東京堂出版）
ほか、関連のホームページも参考にさせていただきました。

編者紹介

豊かな日本語生活推進委員会〈ゆたかなにほんごせいかつすいしんいいんかい〉

現代人が処理している情報量は30年前の10倍以上と言われる。忙しい日々の中でも、いつも同じボキャブラリーではなく、膨大な日本語の中から最適な表現を選んで話し、書くことができるハンドブックがあれば――こういった問題意識から、コミュニケーションを豊かにする言葉を厳選する企画・編集グループ。


伝《つた》え方《かた》の日本語《にほんご》
その感情《かんじょう》、言葉《ことば》にできますか？　青春新書 PLAYBOOKS

2018年4月1日　第1刷

編　者　豊《ゆた》かな日本語《にほんご》生活《せいかつ》推進《すいしん》委《い》員会《いんかい》

発行者　小澤源太郎

責任編集　株式会社プライム涌光

電話　編集部　03(3203)2850

発行所　東京都新宿区若松町12番1号 〒162-0056　株式会社青春出版社

電話　営業部　03(3207)1916　振替番号　00190-7-98602

印刷・図書印刷　製本・フォーネット社

ISBN978-4-413-21109-3